Arie Luijerink / Marian van Staveren

Reiki –
kurz & praktisch

Herausgegeben von Gabriele Wälder

Arie Luijerink / Marian van Staveren

Reiki – kurz & praktisch

Verlag Hermann Bauer
Freiburg im Breisgau

Die Deutsche Bibliothek – CIP-Einheitsaufnahme

Luijerink, Arie:
Reiki – kurz & praktisch / Arie Luijerink/
Marian van Staveren. Dt. von Ute Hempen.
[Hrsg. von Gabriele Wälder]. –
2. Aufl. – Freiburg im Breisgau : Bauer, 1997
    (... – kurz & praktisch)
    Einheitssacht.: Reiki-Groeiboekje,
    Reiki, de tweede Graad ⟨dt.⟩
    ISBN 3-7626-1105-X
NE: Staveren, Marian van:

Die Reihe »... – kurz & praktisch« erscheint im
Verlag Hermann Bauer KG, Freiburg im Breisgau

Die niederländische Originalausgabe erschien 1993
unter dem Titel *Reiki-Groeiboekje*
und 1994 unter dem Titel *Reiki. De tweede graad*
bei Uitgeverij Ankh-Hermes BV, Deventer
© 1993 by Uitgeverij Ankh-Hermes BV, Deventer

Deutsch von Ute Hempen, Wiesbaden

2. Auflage 1997
ISBN 3-7626-1105-X
© für die deutsche Ausgabe 1996 by
Verlag Hermann Bauer KG, Freiburg im Breisgau
Das gesamte Werk ist im Rahmen des Urheberrechtsgesetzes
geschützt. Jegliche vom Verlag nicht genehmigte Verwertung
ist unzulässig. Dies gilt auch für die Verbreitung durch Funk,
Fernsehen, photomechanische Wiedergabe,
Tonträger jeder Art, elektronische und alle weiteren Medien
sowie für auszugsweisen Nachdruck.
Einband: Peter Krafft, Freiburg im Breisgau
Satz und Bildverarbeitung:
G. Scheydecker, Freiburg im Breisgau
Druck und Bindung:
Freiburger Graphische Betriebe, Freiburg im Breisgau
Printed in Germany

Inhalt

Kapitel 1: Was ist Reiki? 9
Wie wirkt Reiki 9
Reinigung 10
Reiki hilft bei allen Beschwerden 13
Sie geben nur weiter 14
Reiki geht durch alles hindurch 14
Nebenwirkungen 15
Medikamente 16
Das Reiki-Gefühl 16
Wer kann mit Reiki arbeiten? 17
Die Geschichte des Reiki 18
Die verschiedenen Grade 22

Kapitel 2: Der erste Reiki-Grad 26
Eine Reiki-Behandlung mit dem ersten Grad 26
Die Handpositionen 27
»Abbürsten« 40
Eine Behandlung im Sitzen 41
Sich selbst behandeln 49
Anzahl der Behandlungen 56
Die Reiki-Lebensregeln 57
Halten Sie es einfach 60
Wenn Menschen nicht gesund werden 61
Einige praktische Hinweise 63
Die Reiki-Alliance 64

Kapitel 3: Bedingungslose Liebe 65
Mehr über Liebe 68
Das Kind in Ihnen 71
Der Elternteil in Ihnen 72
Der Erwachsene 72
Zusammenarbeiten statt streiten 73
Übernehmen ist ein Tätigkeitswort 75
Hellsichtigkeit 77

Geld, Kraft und Liebe 78
Geld für Behandlungen 79
Jetzt! 82
Eigenverantwortung 83
Lassen Sie Ihre Gefühle heraus 84

Kapitel 4: Der zweite Reiki-Grad 88
Wir schließen Bekanntschaft mit dem zweiten Grad 89
Was ist der zweite Grad,
und was können Sie damit machen? 91
Wann sind Sie für den zweiten Grad bereit? 94
Die Symbole 95
Mit dem zweiten Grad behandeln 97
Die Haltung während der Behandlung 99
Bleiben Sie bei sich 101
Eins nach dem anderen 102
Hellwissen, -sehen und -fühlen 103
Anderen Reiki schicken 104
Kontakt 107
Erfahrungen von Empfängern 109
Fernbehandlungen bei Tieren und Pflanzen 111
Eine Idee oder ein Ideal 112
Räume energetisch reinigen 112
Welches ist der »richtige« Moment für eine Behandlung? . 113
Wie schnell merken Sie, daß Reiki wirkt? 115
Reiki ist für die Lebenden 116
Sich selbst behandeln 118
Die Macht der Vergangenheit 120
Das Heute 123
Die Zukunft 130
Nicht alles gleichzeitig 131
Es ist, als ob ich keinen Schritt weiterkomme 131
Platz schaffen für Neues 133

Kapitel 5: Erfahrungen mit dem zweiten Grad . 134
Können Sie mit dem zweiten Grad etwas falsch machen? . 134
Ihr Körper als Freund 134
Abhängigkeit und Abhängigkeitsbewußtsein 137
Reiki in Beziehungen 140
Widerstände 142
Die Versuchung der Maske 145
Streben nach dem »Höheren« 146
Energetische Typen 150

Von Himmel und Erde 153
Unterwerfung oder Hingabe 157
Empfangen oder ertrotzen 159
Engel, Geister und Dämonen 162
Zum Schluß 166

Literatur 169

Dieses Buch handelt von Reiki, der universellen Lebensenergie, die uns überall umgibt und über die wir wieder mit der eigentlichen Quelle der Energie verbunden werden können. Er handelt davon, wie wir und andere mit ihrer Hilfe zu körperlicher und geistiger Heilung und spirituellem Wachstum gelangen.

Als ich 1985 selbst an einem Reiki-Kurs teilnahm, tat ich das in der Erwartung, wieder eine neue Methode, noch eine Technik zu lernen, mit der ich meinen Grundstock an Fertigkeiten zum Nutzen anderer erweitern könnte. Daß dann auch etwas mit mir selbst geschah, hat mich völlig überrascht; es wurde ein Veränderungsprozeß in Gang gesetzt, dessen Ende noch nicht in Sicht ist. Eine der angenehmen Seiten im Leben eines Reiki-Meisters ist die Möglichkeit, die Erfahrung der Veränderung mit anderen teilen zu können, dabei zu sein, wenn Teilnehmer während eines Kurses wieder zu ihrer Kraft finden, wenn die Augen heller und das Gesicht offener werden. Dieses Buch soll zeigen, was Sie von Reiki-Behandlungen und Reiki-Kursen erwarten dürfen und wie Sie mit dem Gelernten umgehen können.

Arie Luijerink
Reiki-Meister

Kapitel 1

Was ist Reiki?

Das japanische Wort Reiki bedeutet wörtlich »universelle Lebensenergie«. Alles Lebende – Pflanzen, Tiere, Menschen – braucht diese Energie, um leben, wachsen und von Krankheiten genesen zu können. Universelle Energie befindet sich überall um uns herum und versorgt unseren Körper, unseren Geist und unser Gefühlsleben. Jeder ist nach der Geburt imstande, diese Energie ungehindert in sich aufzunehmen und weiterzugeben. Durch das Verdrängen starker Gefühle in den ersten Lebensjahren wird diese Fähigkeit jedoch bei fast jedem in unterschiedlichem Maße blockiert. Wegen dieser Blockaden kann die universelle Lebensenergie nicht mehr völlig frei fließen. Ein Mangel an Lebensenergie erhöht die Anfälligkeit für Krankheiten und verzögert die Genesung. Während eines Reiki-Kurses werden bei den Teilnehmern Blockaden im Energiehaushalt gelöst, so daß sie wieder uneingeschränkt Lebensenergie aufnehmen und sogar an andere weitergeben können.

Wie wirkt Reiki?

Zunächst einmal setzt Reiki unsere Selbstheilungskräfte wieder in Gang. Wo Reiki hinströmt, löst es Strukturen, die Krankheit verursachen oder einer Genesung im Wege stehen, auf, wodurch ihnen ermöglicht wird, aus unserem System zu verschwinden. Dadurch heilt sich der Empfänger von Reiki selbst. Das Ergebnis ist ein völlig anderes, als wenn uns unser Leiden durch andere

Menschen mit Hilfe von Medikamenten, Operationen oder anderen Behandlungsmethoden genommen wird. Ein Leiden, das durch unser eigenes System überwunden wird, kommt auch nicht wieder, weil wir nicht nur die Krankheit, sondern auch ihre Ursache überwunden haben. Dadurch werden wir stärker. Die wiedererlangten Selbstheilungskräfte helfen Ihnen auch, rücksichtsvoller mit sich selbst umzugehen. So wird Ihr Körper Sie zum Beispiel schneller warnen, wenn Sie etwas essen oder trinken, das nicht gut für Sie ist.

Durch die Beseitigung körperlicher oder geistiger Hemmnisse entsteht Raum. Raum für Lebenskraft und Wachstum, Raum für die Entwicklung von Begabungen, die schon immer vorhanden waren, aber niemals zuvor die Chance bekommen haben, sich voll zu entfalten.

Reinigung

Die Wiederherstellung der Selbstheilungskräfte geht immer mit einem Reinigungsprozeß einher. Auf körperlicher Ebene bedeutet dies, daß Abfallstoffe, die sich im Laufe der Jahre in Ihrem Körper festgesetzt haben, wieder gelöst werden, so daß Ihr Körper sie ausscheiden kann. Es ist deshalb auch wichtig, daß Sie in dieser Zeit viel Wasser trinken; das hilft Ihrem Körper, die Abfallstoffe abzutransportieren.

Auch auf der emotionalen Ebene kann eine Reinigung stattfinden. Alte Gefühle, die Sie (vielleicht vor langer Zeit) verdrängt haben, kommen wieder hoch, so daß Sie sie jetzt endgültig loslassen können. Sie brauchen keine Angst davor zu haben. Sie werden nie mehr verarbeiten müssen, als Sie zu einem Zeitpunkt verkraften können. Wenn Sie sich in einer Phase, in der Sie Probleme mit sich haben, selbst Reiki geben, hilft Ihnen das schnell darüber hinweg.

Sie sollten in der Zeit der emotionalen Reinigung darauf achten, daß Sie nicht in die Falle gehen, die uns weit offensteht, sobald unsere Gefühle stark angesprochen sind, nämlich die Falle der Projektion. Wenn wir zornig oder traurig sind, versuchen wir meistens sofort, in unserer Umgebung einen »Schuldigen« dafür zu finden. Den Partner, Chef oder jemand anders betrachten wir dann als Ursache unserer Wut, unseres Kummers oder unseres Gefühls, z. B. zurückgewiesen oder bedroht worden zu sein. Wenn sich im Moment kein Schuldiger findet, gehen wir oft sogar soweit, andere dazu herauszufordern, sich uns gegenüber »schlecht« zu verhalten, so daß wenigstens unser Gefühl gerechtfertigt ist. Halten Sie sich vor Augen, daß die Gefühle, die durch Reiki-Behandlungen oder die Teilnahme an einem Kurs in Ihnen hochkommen können, nichts mit dem Heute zu tun haben. Sie sind alt. Eine gute, einfache und oft klärende Art, damit umzugehen, ist das Schreiben von »Briefen«.

Schreiben Sie demjenigen, von dem Sie meinen, daß er die Ursache Ihrer Wut, Ihrer Traurigkeit oder Ihrer Angst ist. Sie schreiben den Brief nicht in der Absicht, ihn dem anderen jemals zu lesen zu geben, Sie schreiben den Brief für sich selbst, um Gefühle zuzulassen und sich von ihnen frei zu schreiben. Sie brauchen also nicht freundlich oder verständnisvoll zu sein. Schreiben Sie reine Gefühle nieder. Wenn Sie anfangen, jemandem zu schreiben, den Sie für den Urheber Ihrer Gefühle halten, werden Sie des öfteren feststellen, daß Sie sich eigentlich an jemanden wenden, der Ihrer Vergangenheit angehört, zum Beispiel an Ihren Vater oder Ihre Mutter. Das Gefühl ist also nicht in diesem Moment entstanden, sondern kommt aus einer Schublade zum Vorschein, wohin Sie es vor langer Zeit verbannt haben. Heben Sie den fertigen

Brief nicht auf. Knüllen Sie ihn zusammen, und verbrennen Sie ihn. Das Verbrennen des Gefühlsausbruchs hilft – wenn es auch seltsam klingen mag – beim Loslassen des Gefühls.

Alte Gefühle hochkommen zu lassen und zu verarbeiten macht deshalb Sinn, weil das Unterdrücken dieser Gefühle sehr viel Energie kostet. Diese Energie können Sie besser nutzen. Sie werden außerdem entdecken, wie auch lange zurückliegende Erfahrungen noch heute die sogenannte Realität Ihres Lebens färben. Und schließlich: Wenn man alte Gefühle nicht spüren will, ist der Kontakt zu sich selbst auch äußerst unvollständig. Wenn Sie altes – einschränkendes – Verhalten loslassen, wird Ihnen das zu Beginn wahrscheinlich ziemlich fehlen, weil es so vertraut war, aber stellen Sie sich einmal ein Leben ohne diesen Ballast vor. Sind Sie erst davon befreit, gehen Sie um einiges leichter durchs Leben.

Ein sehr anschauliches Beispiel dafür, wie intensiv der Reinigungsprozeß, der durch Reiki-Behandlungen in Gang gesetzt wird, sein kann, wurde uns von einem unserer Kursteilnehmer geschildert. Sein Bruder hatte seit seiner Kindheit Probleme mit einem seiner Beine. Unerklärliche Schmerzen, Jucken und ständige Hautausschläge waren die Symptome. Ärztliche Untersuchungen und immer neue Heilmittel waren erfolglos geblieben. Nach einigen Reiki-Behandlungen spürte der Bruder eines Morgens, als er beim Duschen sein Bein wusch, etwas durch die Haut stechen. Es handelte sich um die Spitze eines Nagels. Als Kind war er einmal in einen rostigen Nagel getreten, der offensichtlich nur unvollständig entfernt worden war. Die Nagelspitze war in seinem Bein umhergewandert und hatte die genannten Probleme verursacht. Durch die Reiki-Behandlungen war die Ursache des Leidens buchstäblich ans Licht gebracht worden.

Reiki hilft bei allen Beschwerden

Reiki unterstützt den Empfänger bei dem, was derzeit am wichtigsten ist. Das kann die Heilung des Körpers sein. Es kann auch sein, daß sich Denkmuster, durch die wir uns selbst krank oder unglücklich machen, dadurch verändern. Reiki wirkt niemals nur auf die Symptome, sondern immer auf den ganzen Menschen. Die enge Verflechtung von Körper und Geist bei der Entstehung und Aufrechterhaltung von Krankheiten ist der Grund, weshalb Sie jemandem, wenn es nur irgend möglich ist, immer eine vollständige Behandlung geben und sich nicht auf die Stelle beschränken sollten, an der die Beschwerden auftreten. Sollte es nicht möglich sein, jemandem eine vollständige Behandlung zu geben, kann man sich auf die kranke Stelle beschränken. Schließlich sind zehn Minuten Reiki immer noch besser als überhaupt keins.

In all den Jahren, die unsere Kursteilnehmer und wir jetzt mit Reiki arbeiten, sind wir noch keinen Krankheiten begegnet, auf die Reiki-Behandlungen keinen heilenden Einfluß hatten. (Wohl einmal einzelnen Kranken, aber darüber später.) Wir haben gelernt, daß unser altes Vorurteil, nach dem es um so länger dauert, von einer Krankheit zu genesen, je länger die Krankheit schon besteht, lange nicht für alle Fälle zutrifft, denn hin und wieder konnten wir beobachten, daß chronische oder »unheilbare« Krankheiten in erstaunlich kurzer Zeit verschwanden. Wir haben aufgrund dieser Erfahrungen gelernt, auf die heilende Wirkung der Energie zu vertrauen, die bei einer Behandlung durch unsere Hände strömt. Wir haben jedoch auch erfahren, daß ein Leben hin und wieder nicht gerettet werden kann. Daß jemand, der im Endstadium einer tödlichen Krankheit behandelt wird, zwar weniger unter den Symptomen, den Schmerzen oder der Angst vor dem Tod leidet und seine letzte

Zeit noch in Ruhe und Frieden verbringt, aber doch stirbt. Reiki läßt sich einsetzen für das Leben, nicht jedoch gegen den Tod.

Sie geben nur weiter

Weil Sie während eines Reiki-Kurses »geöffnet« werden, um Energie empfangen und weitergeben zu können, werden Sie beim Geben einer Reiki-Behandlung niemals müde. Die Energie durchströmt erst Sie selbst und dann den anderen. Sie geben also nicht, wie es bei anderen Heilmethoden der Fall ist, jemand anderem Ihre eigene Lebensenergie. Ein weiterer Vorteil ist, daß Sie keine Schmerzen oder Stimmungen von anderen aufnehmen. Meistens werden Sie selbst ruhiger und heiterer, wenn Sie eine Behandlung geben. Die Tatsache, daß Sie jemand anderem nur heilende Energie weitergeben, bedeutet übrigens auch, daß Sie nichts über Anatomie, Physiologie oder Pathologie wissen müssen und sich selbst nicht als Therapeut oder »Heiler« präsentieren. Sie heilen den anderen nicht, Sie geben Energie weiter, und diese Energie hilft dem anderen bei seiner Genesung.

Reiki geht durch alles hindurch

Kleidung, Verbände, Gipskorsette und ähnliches behindern das Fließen der Reiki-Energie nicht im geringsten, sie geht überall hindurch. Deshalb können auch Stellen, die nicht berührt werden dürfen, wie zum Beispiel offene Wunden und ansteckende Hautausschläge behandelt werden, indem Sie die Hände ungefähr einen Zentimeter über die Stelle halten.

Nebenwirkungen

Obwohl die Erfahrung uns gezeigt hat, daß Reiki in allen Fällen, auch zusätzlich zu anderen Heilverfahren, problemlos angewendet werden kann, sollten Sie über mögliche Nebenwirkungen Bescheid wissen. Während der Kurstage und auch sonst, wenn Sie sehr viel Reiki machen, reagiert Ihr Körper zum Beispiel stärker auf Alkohol. Deshalb sei zur Vermeidung von eventuellen Nachwehen Mäßigung empfohlen. Darüber hinaus können die ersten Behandlungen ermüden. Dies ist meistens bei sehr angespannten Menschen der Fall. Wegen ihrer übermäßig vielen Streßhormone spüren sie die Ermüdung oft nicht. Entspannen sie sich dann aufgrund der Reiki-Wirkung, werden sie sich ihrer Müdigkeit wieder bewußt. Außerdem können an Körperstellen, an denen die Energie zwar hinein-, aber nicht wieder hinausfließen kann, wie bei Entzündungen oder Tumoren, während der Behandlung Schmerzen auftreten. Dann muß man den Patienten bitten anzugeben, wo seine Grenzen liegen. Wenn dann der Schmerz zu stark wird, können Sie die Hände an eine andere Stelle legen und eventuell später noch einmal an die Stelle zurückkehren, an der die Behandlung Schmerzen verursacht hat. Darüber hinaus kommt es regelmäßig vor, daß der bereits erwähnte Reinigungsprozeß auf körperlicher Ebene alte Beschwerden und Leiden (besonders Beschwerden, die in der Vergangenheit mit Medikamenten unterdrückt worden sind) wieder zum Vorschein kommen läßt, daß sich die Beschwerden, deretwegen jemand sich behandeln läßt, nach den ersten Behandlungen noch verschlimmern oder daß der Behandelte einige Zeit unter Schlaflosigkeit leidet. Das ist überhaupt kein Grund zur Besorgnis, es bedeutet nur, daß der Körper mit altem Ballast aufräumt. Es kann auch sein, daß der Empfänger von Behandlungen zu Beginn stark schwitzt, einen unangenehmen Körpergeruch bekommt oder daß Stuhl und Urin stärker gefärbt sind beziehungsweise intensiver riechen als sonst. Bei einem sehr kleinen Prozentsatz kann es während der Behandlung zu Zuckungen kommen, die sich meistens auf einen Arm oder ein Bein beschränken. Ein einziges Mal hatte ich jemand auf dem Behandlungstisch liegen, der am ganzen Körper zuckte. Und selbst dann gibt es keinen Grund zur Besorgnis, denn der Körper befreit sich auf diese Weise von lange festgehaltenen Spannungen.

Medikamente

Man kann ohne Probleme Menschen, die Medikamente einnehmen, mit Reiki behandeln. Die beabsichtigte Wirkung der Medikamente wird durch Reiki verstärkt, eventuelle Nebenwirkungen werden abgeschwächt. Seien Sie sich jedoch darüber im klaren, daß die heilende Wirkung von Reiki dazu führen kann, daß bereits nach einigen Behandlungen weniger Medikamente nötig sind. So kommt es zum Beispiel oft vor, daß Zuckerkranke schon nach kurzer Zeit ihre Insulinmengen reduzieren müssen. Bitten Sie den Behandelten, deswegen seinen Arzt zu konsultieren, geben Sie selbst keine Empfehlungen.

Das Reiki-Gefühl

Reiki kann man auf unterschiedliche Art und Weise wahrnehmen. Der eine spürt ein Prickeln in den Fingern oder Handflächen, der andere Wärme oder sogar Hitze. Menschen mit einem geringen Körperbewußtsein spüren in der ersten Zeit oft nichts. Ein derart niedriges Körperbewußtsein kann im Laufe der Jahre entstehen, wenn jemand sich angewöhnt hat, seine Gefühle zu verdrängen. Im Laufe der Zeit verliert er mehr und mehr den Kontakt zu seinen Gefühlen und seinem Körper. Ich gehörte selbst zu diesen Menschen und war dadurch sehr verunsichert. Glücklicherweise spürten die Menschen, mit denen ich übte, die Energie deutlich fließen, so daß ich nicht (»Siehst Du, bei mir klappt es wieder nicht.«) die Hoffnung aufgegeben habe. Allmählich habe ich ein stärkeres Körperbewußtsein entwickelt, und so ähnlich geht es anderen auch.

Wenn Sie jemanden behandeln, der schwerkrank oder müde ist, fühlen Sie die Energie viel stärker fließen als bei einem gesunden Menschen. Es kann auch vorkommen, daß Sie bei jemandem an einer Körperstelle extreme Kälte spüren. Dort sitzt dann eine alte, tiefverwurzelte Blockade, die längere Zeit Aufmerksamkeit verdient. Wenn Sie die Behandlung jedoch einfach fortsetzen, werden Sie feststellen, daß die Energie nach einiger Zeit plötzlich sehr schnell fließt. Halten Sie also durch!

Wer kann mit Reiki arbeiten?

Jeder, der in einem Reiki-Kurs die Einweihungen erhalten hat, kann sie unmittelbar anwenden, sowohl bei sich selbst als auch bei anderen. Universelle Lebensenergie zu empfangen und weiterzugeben ist keineswegs eine Gabe besonderer Menschen, es ist das Geburtsrecht jedes einzelnen. Und je öfter Sie die Energie fließen lassen, desto kräftiger wird der Fluß, weil Ihr eigenes System dadurch auch stets gereinigt wird. Sie brauchen nicht zu befürchten, die Fähigkeiten, die Sie durch die Einweihung bekommen haben, jemals wieder zu verlieren. Sie bleiben Ihnen für den Rest Ihres Lebens erhalten. Es kann allerdings geschehen, daß der Energiefluß durch unangenehme Ereignisse oder negative Gedanken

(»Ich bin nicht gut genug« oder »Niemand liebt mich«) schwächer wird. Vergessen Sie gerade in solchen Augenblicken nicht, sich selbst täglich zu behandeln; dadurch überstehen Sie Ihre negative Phase etwas schneller.

Die meisten Menschen, die einen Reiki-Kurs besuchen, haben noch nie ein Buch über alternative Heilmethoden, Gesundheitslehre, Spiritualität oder ähnliches gelesen; das stellt kein Hindernis dar. Es ist auch nicht nötig, »daran zu glauben«. Pflanzen und Tiere glauben auch nicht an Reiki, dennoch reagieren sie sehr gut darauf. Und obwohl es regelmäßig vorkommt, daß ehemalige Kursteilnehmer sich gegenseitig besuchen, um Erfahrungen und Behandlungen auszutauschen, werden Sie nicht Mitglied einer Gruppe oder einer Sekte.

Weil Reiki so einfach zu erlernen und anzuwenden ist, bietet es sich auch als ideale Erweiterung der Aktivitäten von Selbsthilfegruppen an.

Die Geschichte des Reiki

Dr. Mikao Usui, ein Geistlicher, arbeitete als Dozent an der Doshisha Universität in Kyoto, Japan. Er führte ein ruhiges Leben bis zu dem Tag, an dem ihn ein Student während des Unterrichts vor eine Herausforderung stellte, die sein Leben völlig verändern sollte. Der Student zweifelte Heilungen, die in lange zurückliegender Zeit von Personen wie Buddha und Jesus vollbracht worden seien, an und forderte Beweise dafür, daß es wirklich möglich war, durch Handauflegen zu heilen. Dieser Vorfall ließ Dr. Usui von dem Zeitpunkt an keine Ruhe mehr. Er kündigte seine Dozentenstelle und begab sich in die Vereinigten Staaten, wo er an der Universität Chikago Hebräisch, Griechisch und Latein studierte, weil er meinte, die Lösung in alten Bibeltexten finden zu können, die er deshalb in der jeweiligen Originalsprache lesen wollte. Jahre intensiven Studiums dieser alten Texte verhalfen ihm allerdings nicht zu der Antwort, die er suchte. Enttäuscht kehrte er wieder nach Japan zurück, wo er seine Suche in den alten buddhistischen Schriften fortsetzte und buddhistische Klöster besuchte, in denen er mit den Mönchen sprach. Nach sieben Jahren intensiven Forschens fand er, was er schon so lange gesucht hatte: Aufzeichnungen, in denen ein Anhänger Buddhas beschrieb, wie Buddha Menschen heilte und dabei eine Reihe von Symbolen benutzte. Zu seinem großen Leidwesen war es jedoch nicht möglich herauszufinden, auf welche Weise die Symbole benutzt werden mußten und wie man diese Heilkraft verliehen bekommen konnte. Der Abt des Klosters, inzwischen mit Dr. Usui befreundet, erzählte ihm, es sei bei ihnen üblich, daß sich jemand, der mit einem Problem rang, auf den Gipfel eines nahegelegenen Berges zurückzog, um zu fasten und zu meditieren. Er wies allerdings auch darauf hin, daß diese Methode nicht ungefährlich sei. Mikao Usui wollte jedoch keine Möglichkeit unversucht lassen, das zu finden, was er so leidenschaftlich suchte. Auf dem Gipfel des Berges angekommen, legte er 21 Steinchen vor sich hin; jeden Tag warf er eines davon weg, um sich auf diese Weise noch eine ungefähre Vorstellung von der verstrichenen Zeit zu bewahren. Die Tage gingen vorbei; Durst, Hunger und Entmutigung schwächten ihn, während er immer intensiver meditierte, die göttliche Vorsehung und die Naturkräfte anrief. Am Morgen des 21. Tages, als ihm jegliche Hoffnung verloren schien, sah Mikao plötzlich vor sich eine Lichtkugel von immenser Helligkeit und versank in tiefe Trance. Tausende vielfarbiger Kügelchen begannen vor seinen Augen zu tanzen. Nach einiger Zeit bemerkte er, daß einige von ihnen durchsichtig waren und etwas in sich bargen. Als er genauer hinsah, erkannte er die Symbole, die er in den Schriften des Buddhaanhängers entdeckt hatte. Und im gleichen Augenblick wußte er intuitiv, was diese Symbole bedeuteten und wie er sie anwenden mußte. Dieser Trancezustand dauerte einige Stunden an, und als er langsam aber sicher wieder zu seinem normalen Bewußtseinszustand zurückkehrte, wußte Mikao, daß es keinen Grund mehr gab, noch länger auf dem Berg zu bleiben. Freudig lief er die Abhänge hinab, um das, was er entdeckt hatte, mit der Welt zu teilen.

Von diesem Moment an widmete Dr. Usui sein Leben der Heilung von Menschen. Er begab sich in das Armenviertel Kyotos und heilte Kranke und Bettler durch Handauflegen, so daß diese wieder imstande waren, für sich selbst zu sorgen, ehrlich ihr Brot zu verdienen und außerhalb des Armenviertels ein normales Leben zu führen. Nach geraumer Zeit stellte er allerdings fest, daß er Menschen wiedersah, die er zuvor geheilt hatte, die gearbeitet hatten und umgezogen waren. Wie war es möglich, daß diese Menschen wieder in Abhängigkeit und Krankheit zurückgefallen waren? Als er mit einigen von ihnen sprach, erfuhr er, daß sie tatsächlich nach ihrer Genesung die Slums verlassen und woanders Arbeit gefunden hatten, daß ihnen aber ihre neue Lebensweise zu schwer erschienen war und sie deshalb wieder zu ihrem alten Lebensstil zurückgekehrt waren. Diese Menschen bevorzugten es also, krank und in Abhängigkeit zu leben anstatt die Verantwortung für ihr eigenes Leben zu übernehmen. Dr. Usui erkannte, daß es unmöglich ist, »jemanden zu heilen«. Das einzige, was wir tun können, ist, jemandem bei seiner Heilung zu helfen, wenn der Betreffende das wirklich will und auch bereit ist, die volle Verantwortung für die Konsequenzen daraus zu übernehmen. Krankheit und Gesundheit sind keine bleibenden Zustände, die von etwas außerhalb des Menschen Liegendem abhängen, sie sind der Ausdruck eines Zustandes von innerem Gleichgewicht und innerer Harmonie. Sie sind abhängig vom freien Willen jedes einzelnen.

Dr. Usui begriff, daß er seine Arbeitsweise überdenken mußte. Er wollte sich von nun an auf Menschen beschränken, die wirklich gesund werden wollten, sie lehren, sich selbst zu heilen, und ihnen vor allem Lebensregeln übergeben, mit Hilfe derer sie sich im mentalen und psychischen Bereich heilen konnten: die Reiki-Prinzipien. Dr. Usui verließ das Armenviertel und arbeitete nur noch mit denjenigen, die bereit waren, die volle Verantwortung für ihr eigenes Wohlbefinden zu tragen. Er lehrte diese Menschen, sich selbst und andere auf eine Weise zu heilen, die noch heute angewendet wird. Der Reiki-Kurs war geboren.

Als Dr. Usuis Leben zu Ende ging, bestimmte er einen seiner engsten Gefolgsleute, Dr. Hayashi, zum Nachfolger. Er gab alle seine Kenntnisse und Erfahrungen an ihn weiter. Dr. Hayashi gründete eine Klinik, in der Patienten mit Reiki behandelt wurden. Danach breitete sich Reiki sehr schnell in Japan aus. Aber es blieb nicht auf Japan begrenzt. Einer Frau aus Hawaii, Hawayo Takata, ist es zu verdanken, daß sich Reiki auch in den Vereinigten Staaten ausbreitete. Im Herbst 1935 war Frau Takata nach Japan gekommen, um sich dort in einer Klinik wegen ihres Krebsleidens behandeln zu lassen. Kurz vor der Operation hatte sie das starke Gefühl, daß es andere Heilmethoden geben müsse, und bat, in die Klinik von Dr. Hayashi verlegt zu werden. Sie wurde dort behandelt, wurde wieder gesund und widmete Reiki ihr restliches Leben. Kurz vor dem Zweiten Weltkrieg bestimmte Dr. Hayashi sie zu seiner Nachfolgerin. Hawayo Takata brachte Reiki nach Hawaii und gab auch viele Kurse in Amerika, wo Reiki einen großen Aufschwung nahm. 1980 übertrug sie ihre Pflichten ihrer Enkelin Phyllis Lei

Furumoto. Phyllis, heutige Reiki-Großmeisterin, gründete zusammen mit 20 anderen Meistern, die von Frau Takata eingeweiht worden waren, die weltweite Organisation Reiki-Alliance und organisiert regelmäßig anregende Zusammenkünfte für Reiki-Meister.

Die verschiedenen Grade

Das Usui-System der natürlichen Heilung kennt drei verschiedene Grade. Der Grad gibt an, wie weit man in die Heilmethode eingeweiht ist.

Der erste Grad

Blockaden, die Sie bisher daran gehindert haben, unbegrenzt universelle Lebensenergie zu empfangen und weiterzugeben, werden durch vier »Einweihungen« aufgelöst. Sie lernen, Energie weiterzuleiten, indem Sie Ihre Hände auf Pflanzen, Tiere, Menschen und vor allem auf sich selbst legen. Die Handpositionen werden vermittelt, und während des Kurses wird viel Aufmerksamkeit darauf gerichtet, wie wir uns im täglichen Leben selbst blockieren und wie wir das vermeiden können. Von Beginn des Kurses an wird viel geübt, so daß wir nach jeder neuen Einweihung unseren Energiefluß auch intensiver spüren können. Der erste Grad ist ein »komplettes Paket«, jeder kann es anwenden; je öfter Sie damit arbeiten, um so stärker strömt die Lebensenergie durch Sie hindurch und hilft, Sie und andere heilen.

Der zweite Grad

Das japanische Wort für den zweiten Grad ist Oku Den. Wörtlich heißt das: der innere Tempel. Mit diesem Begriff wird symbolisch angedeutet, daß die Einweihung

Sie zum Kern Ihres wahren Selbst führt. Um uns darunter etwas vorstellen zu können, zeichnen wir ein gleichseitiges Dreieck, das die Psyche als Ganzes darstellt. Eine horizontale Linie gibt die Trennung zwischen dem Bewußtsein und dem Unterbewußtsein an. Der Punkt in der Mitte des Dreiecks stellt unseren Kern dar, die Quelle unserer Lebensenergie. Der Kreis im oberen Teil des Dreiecks steht für unser Ego, den Teil des Bewußtseins, von dem wir oft zu Unrecht denken, daß es unser Mittelpunkt ist. Mit Hilfe des Dreiecks können Sie jedoch erkennen, daß Ihr Ego genau der Teil der Psyche ist, der am weitesten von Ihrem Mittelpunkt entfernt ist.

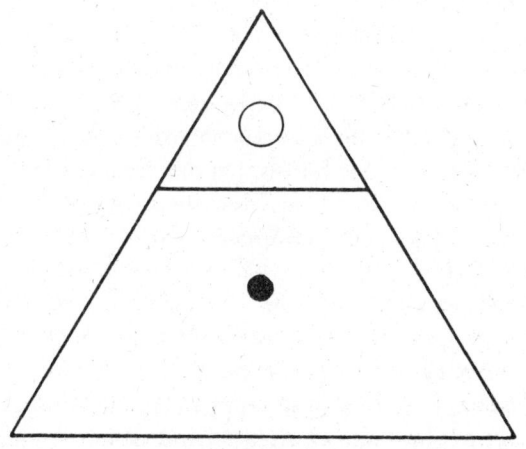

Zu den wichtigsten Augenblicken für unser persönliches Wachstum können die Momente gehören, in denen die Trennlinien, die Mauern zwischen unserem Unterbewußten und unserem Bewußten, zwischen unserem Ego und unserem Bewußtsein durchbrochen werden. Je mehr die Trennlinien verwischen, desto näher kommen wir an unsere Quelle, unsere Kraft, den inneren Tempel. Das ist ein Prozeß der Integration, des Ganzwerdens. In dem Maße, wie wir zunehmend von den Möglichkeiten, die uns der zweite Grad bietet, Gebrauch machen, wird der Integrationsprozeß verstärkt.

Durch die Einweihung in den zweiten Grad nimmt Ihre Kraft enorm zu. Während des Kurses für den zweiten Grad lernen Sie, mit drei Symbolen (= Schlüsseln) zu arbeiten, die Sie benutzen können, um Fernbehandlungen zu geben, um heilende Energie zu Problemen der Gegenwart, Vergangenheit und Zukunft zu schicken und vor allem um Ihre Ganzwerdung und die anderer zu fördern. Auch die Kraft Ihrer Gedanken nimmt stark zu und damit die Verantwortlichkeit für sich selbst.

Der zweite Grad von Reiki bietet nahezu unbegrenzte Möglichkeiten für die Arbeit an sich selbst. Ein wichtiger Teil des Kurses, wie er vom Reiki-Zentrum gegeben wird, umfaßt das Üben der Methoden, die für Ihren Wachstumsprozeß von besonderer Bedeutung sind, während gleichzeitig untersucht wird, welche Auswirkungen diese auf Sie haben. Da das sehr individuell ist, kann man zu diesem Zweck auch eine Einzelstunde vereinbaren. Mehr dazu in Kapitel 4.

Der dritte Grad

Der dritte Grad ist der Meister-Grad, der Grad des Reiki-Lehrers. Die Einweihung in den Grad versetzt jemanden in die Lage, andere einzuweihen, bei anderen die Kanäle zu öffnen, durch die sie universelle Lebensenergie empfangen und weitergeben können. Sie können die Einweihung in den zweiten Grad empfangen, wenn Sie mit dem ersten Grad mindestens drei Monate gearbeitet haben. Der Weg zum dritten Grad ist ein wenig anders und hängt sehr von der Person ab, die sich entscheidet, Meister zu werden. Zusammen mit dem Reiki-Meister, den Sie als Begleiter auf dem Weg zur Meisterschaft gewählt haben, betrachten Sie, welche positiven Qualitäten weiterentwickelt werden können, an welchen Punkten Sie sich selbst im Wege stehen, wie Sie störende Muster loslassen können und welche Erfahrungen und Kenntnisse Sie schon haben. Zusammen stecken Sie dann den Weg ab, der Sie zur Meisterschaft führen soll. Wichtig dafür ist zum Beispiel, daß Sie bei einer Reihe von Reiki-Kursen anwesend sind, im Laufe der Zeit immer größere Teilbereiche selbständig durchführen und das, was Sie mit der Einweihung in den zweiten Grad empfangen haben, vielfältig einsetzen. Diese Wachstumsperiode dauert mindestens ein Jahr, von dem Zeitpunkt an gerechnet, an dem Sie Ihre Einweihung in den zweiten Grad empfangen haben. Einweihung zum Reiki-Meister bedeutet übrigens nicht, daß Sie von dem Moment an auch »klar«, »erleuchtet« oder »vollkommen« sind. Es bedeutet jedoch, daß Sie sich entscheiden, die volle Verantwortung für sich zu übernehmen, und bereit sind, Ihre eigenen einschränkenden Muster zu erkennen und loszulassen, sich für bedingungslose Liebe zu öffnen und weiterhin von sich selbst, den Kursteilnehmern und allem, was Ihnen begegnet, zu lernen.

Kapitel 2

Der erste Reiki-Grad

Eine Reiki-Behandlung mit dem ersten Grad

Bei einer Reiki-Behandlung ist die Haltung des Behandelnden wichtig. Prüfen Sie, ob Sie bequem sitzen. Wenn Sie entspannt sitzen mit den Füßen fest auf dem Boden, leiten Sie auch mehr Energie weiter. Auch Ihre Geisteshaltung ist wichtig. Wenn Sie zu sehr bemüht sind, Ihr Bestes zu geben, sich selbst zu beweisen, dann sind Sie auch zu angespannt, um für die universelle Lebensenergie ein offener Kanal zu sein. Sie sollten »geerdet« sein. Wenn der Behandelte gern über das sprechen möchte, was mit ihm oder ihr gerade geschieht, geben Sie dafür den nötigen Raum. Fangen Sie jedoch nicht an, über alles mögliche zu reden. Das lenkt die Aufmerksamkeit von der Behandlung ab, wodurch weniger Energie fließt. Entspannen Sie Körper und Geist, legen Sie Ihre Hände auf die verschiedenen Positionen, und lassen Sie die Energie fließen, ohne viel darüber nachzudenken. Versuchen Sie auch, von eventuell vorhandenen Vorstellungen über das, was nun mit dem anderen geschehen müsse, wegzukommen. Das behindert nur den freien Fluß der Lebensenergie. Reiki kennt keine Bedingungen. Die Lebensenergie löst genau das aus, was in dem Moment für den Behandelten am wichtigsten ist. Fragen Sie, ob der Empfänger einer Behandlung Kontaktlinsen trägt. Weil Menschen während einer Behandlung auch einschlafen können, ist es besser, die Linsen herauszunehmen. Sorgen Sie für saubere Hände und frischen Atem.

Die Handpositionen

Wir geben Reiki, indem wir unsere Hände an verschiedenen Stellen sanft auf den Behandelten auflegen, wobei die Finger locker nebeneinander liegen. Am Anfang, wenn unsere Hände noch nicht so feinfühlig sind, verharren wir an jeder Stelle ungefähr fünf Minuten lang. Allmählich werden wir einfühlsamer und spüren, ob wir bereits zur nächsten Position weitergehen können oder noch etwas warten sollten.

Während einer normalen Behandlung lassen wir die Brust und den Genitalbereich aus. Nicht, weil Reiki dort Schaden anrichten könnte, sondern weil für viele Menschen das Berühren dieser Bereiche tabu ist. Einige Patienten könnten sich dadurch sehr bedrängt fühlen. Es hilft, Mißverständnisse auszuschließen, wenn Sie diese Bereiche übergehen. Hat der Behandelte gerade in diesen Bereichen Probleme, sieht die Sache natürlich anders aus.

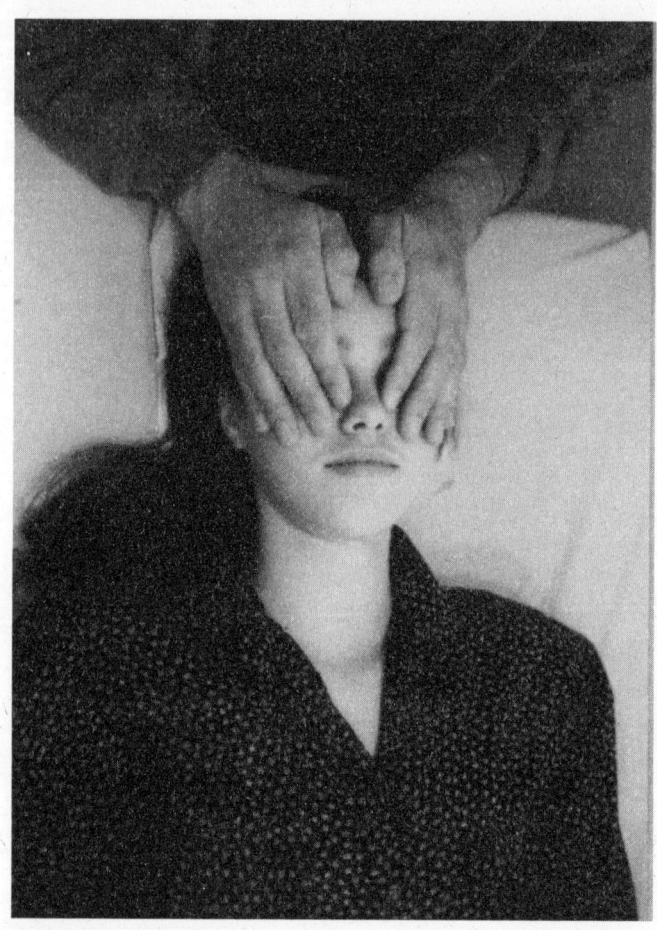

1. Hände auf den Augen, die Fingerspitzen berühren die Knochen unter den Augen; achten Sie darauf, daß Sie nicht gegen die Nasenflügel oder auf die Augen drücken. Einige Patienten finden es angenehm, wenn Sie ihnen ein kleines Papiertuch auf Stirn und Augen legen. Möchten Sie Kontakt mit Make-up vermeiden, oder haben Sie feuchte Hände, ist das auf jeden Fall sinnvoll.

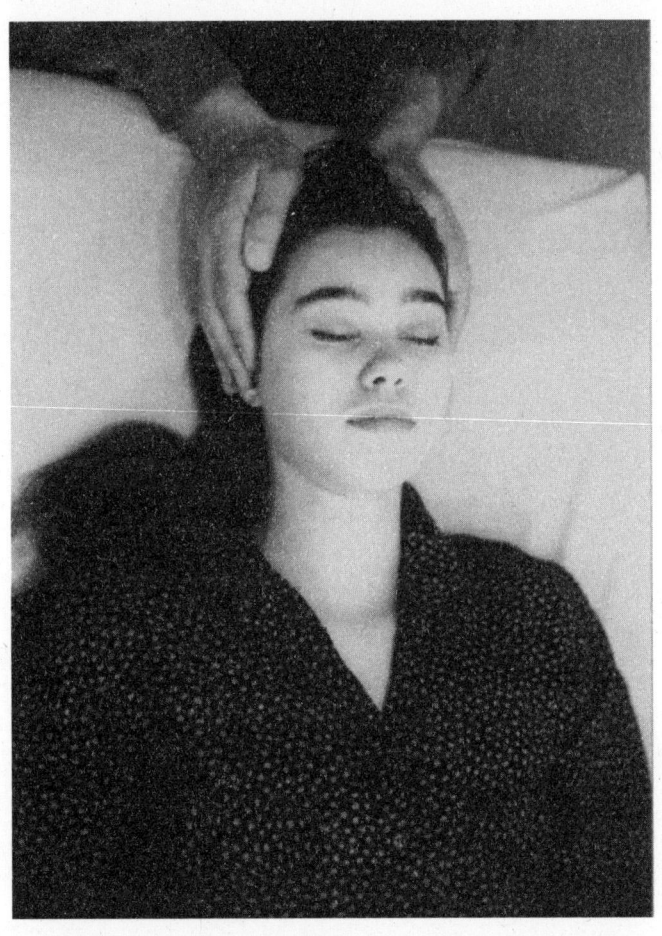

2. Hände an den Seiten des Kopfes. Die Kuppen der Mittelfinger liegen auf den Ohröffnungen.

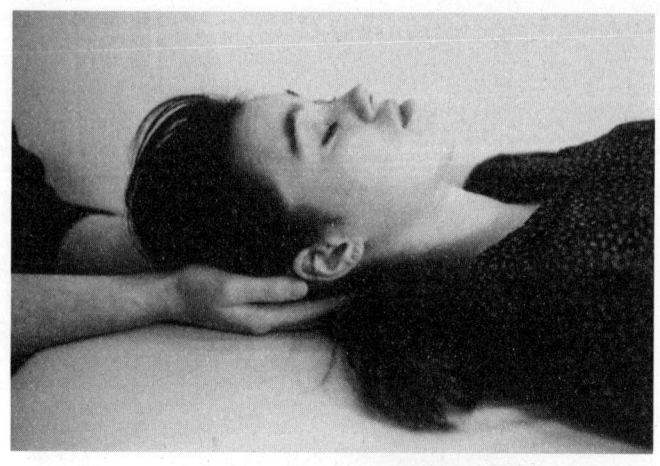

3. Der Hinterkopf. Lassen Sie den Kopf in einer Art Schüssel ruhen, die Sie mit Ihren Händen formen.

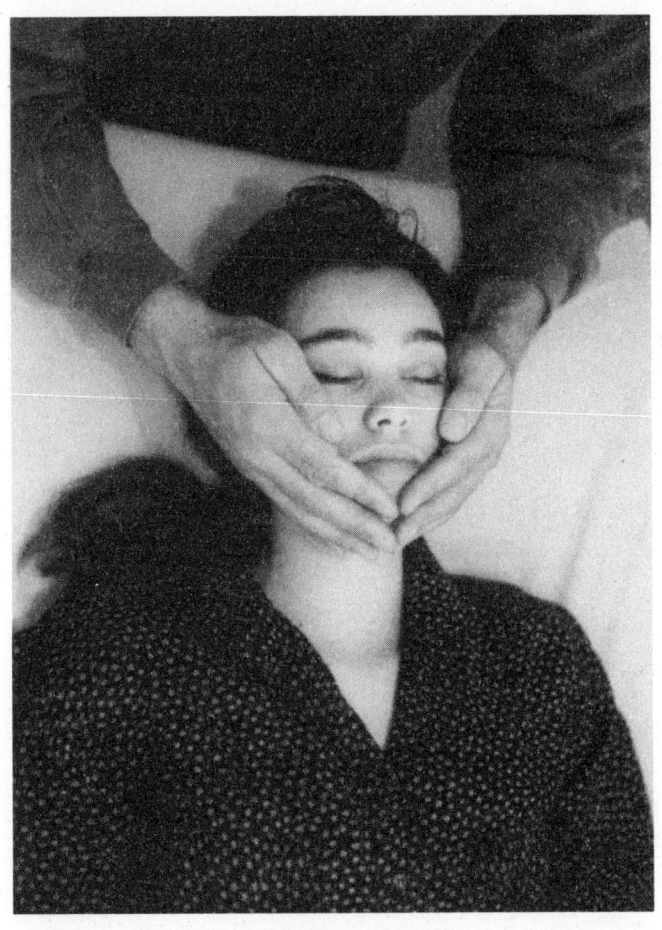

4. Die Kiefer und ein Teil des Halses. Die Spitzen Ihrer Mittelfinger berühren sich an der Kinnspitze.

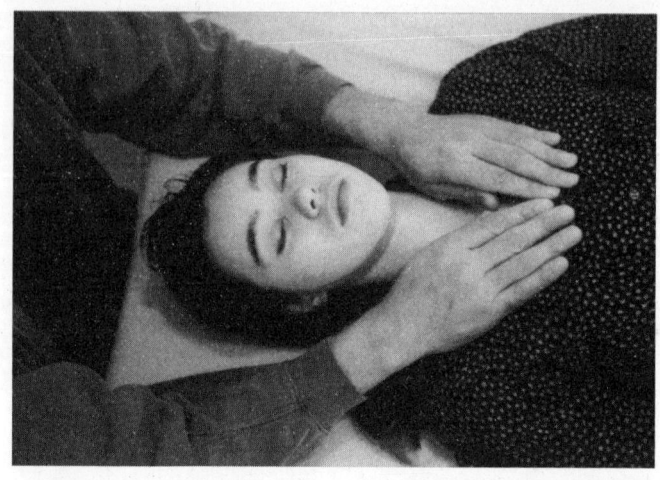

5. Hände auf dem Brustbein. An dieser Stelle werden oft lang angestaute Gefühle in unserem Körper gespeichert. Beobachten Sie sich einmal selbst, wenn etwas geschieht, das Sie emotional berührt. Oft halten Sie dann den Atem im oberen Teil der Brust an. Dadurch verhindern Sie, daß Sie die Gefühle spüren, die durch das Ereignis bei Ihnen ausgelöst werden. Den Atem anzuhalten (oder zum Beispiel sofort eine Zigarette anzuzünden) ist eine Methode, Gefühle zu unterdrücken. An dieser Stelle Reiki zu geben hilft, die angestauten Gefühle freizusetzen. Wenn der Patient während der Behandlung emotional reagiert, lassen Sie ihn wissen, daß es gut ist, die Gefühle einfach zuzulassen. Sie sollten nicht versuchen, sofort Trost oder eine Lösung anzubieten. Damit könnten Sie dem anderen die Möglichkeit nehmen, sich von alten Emotionen zu befreien.

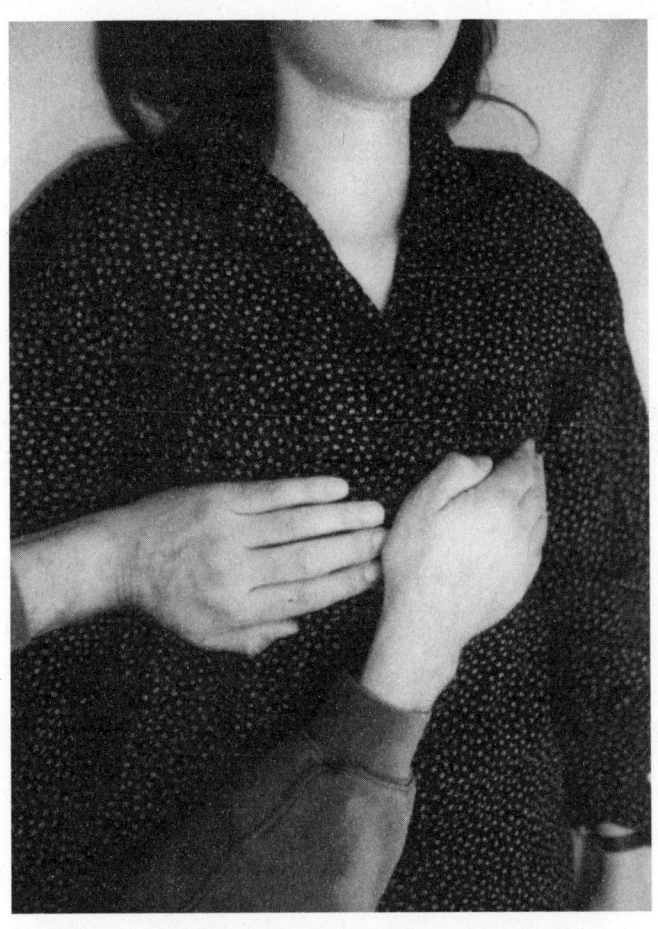

6. Setzen Sie sich jetzt an die Seite des Behandlungstisches. Legen Sie Ihre Hände genau unterhalb der Brust auf die Rippenbögen ...

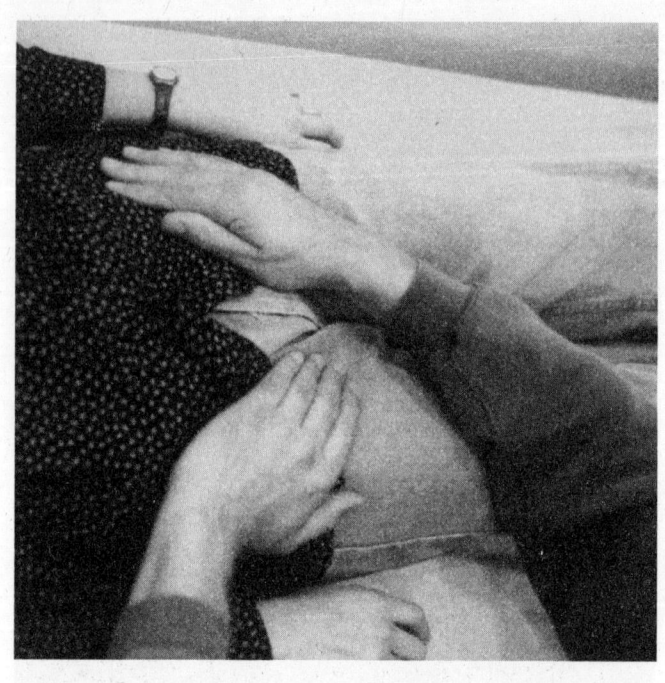

... und bewegen Sie Ihre Hände nach jeweils fünf Minuten eine Handbreit weiter nach unten bis zu den Leisten.

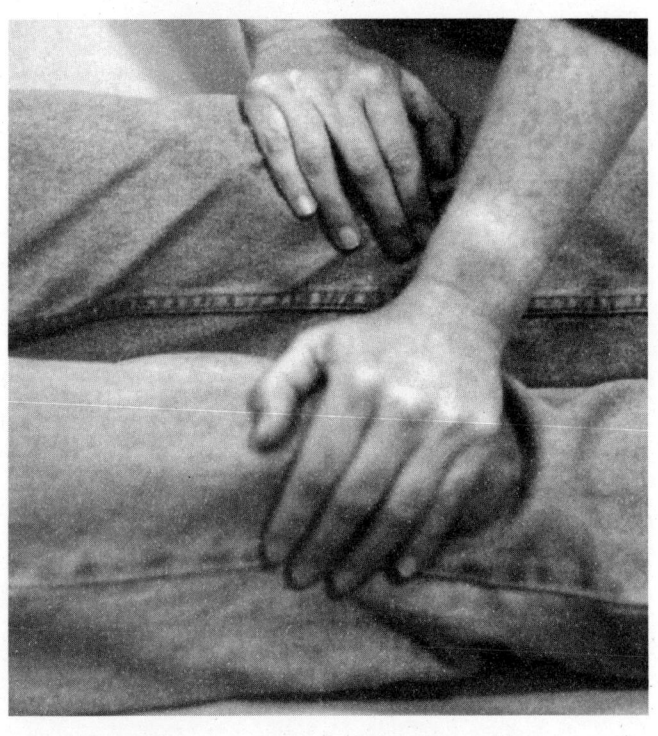

Behandeln Sie danach auch die Knie ...

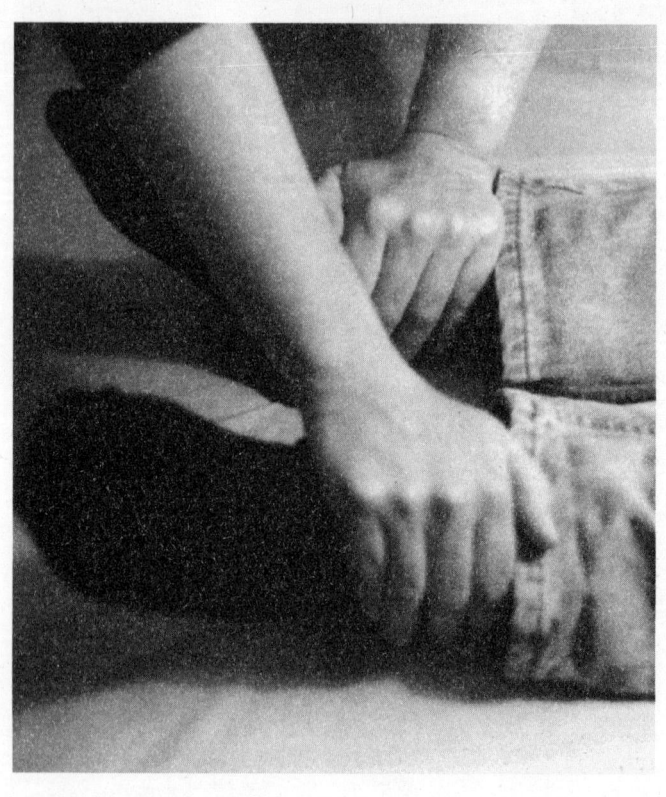

... und die Fußgelenke.

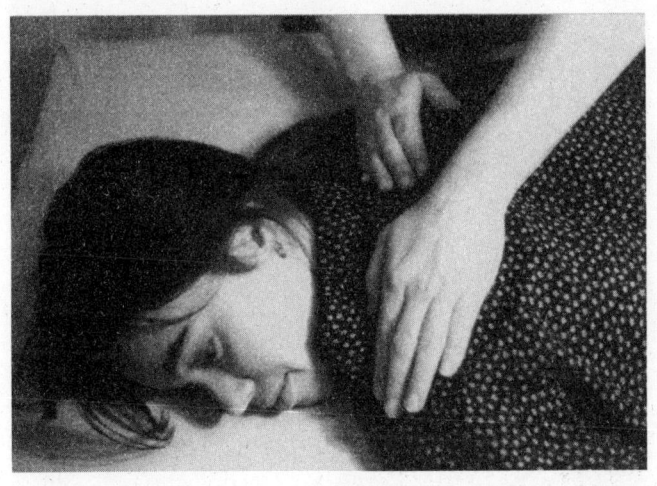

7. Auch auf dem Rücken arbeiten wir von oben nach unten, von den Schultern ...

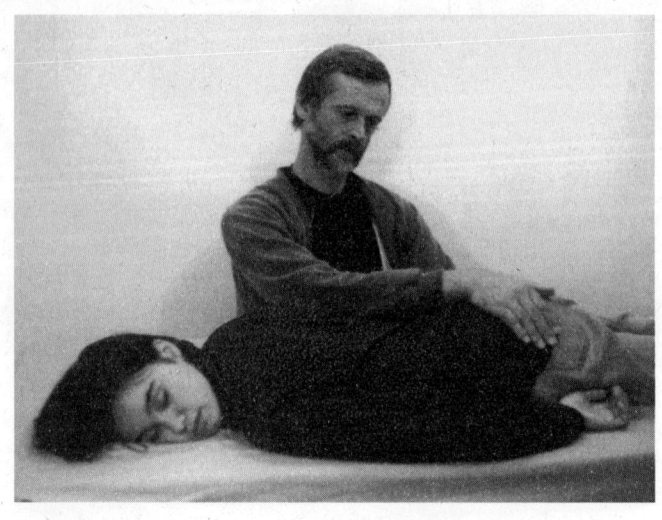

... bis zum Steiß rücken wir mit den Händen immer eine Handbreit weiter nach unten.

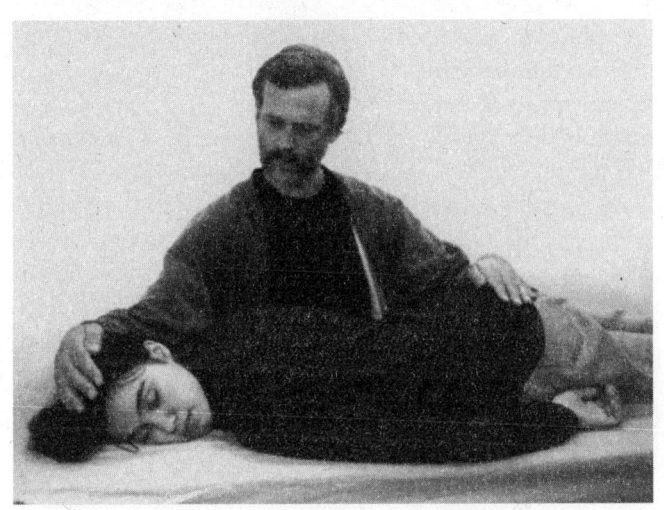

8. Die Schlußposition. Eine Hand auf dem Scheitel, die andere auf dem Steiß.

Die Stellung mit den Händen dicht unter den Schulterblättern ist besonders wirkungsvoll, wenn man unruhig ist, an Schlafstörungen oder Rheuma leidet. Wird Reiki durch unsere Hände an diese Stelle geleitet, hilft es beim Abbau zu großer Adrenalinmengen im Körper. Das Streßhormon Adrenalin wird hergestellt, um die Kampf- oder Fluchtbereitschaft zu erhöhen. In unserer Gesellschaft wird (körperlicher) Kampf jedoch nicht sehr geschätzt, und – wie es in einem alten Lied heißt – »Flüchten geht nicht mehr«. Das Adrenalin kann also nicht auf natürliche Weise abgebaut werden.

Bei den angeführten Positionen handelt es sich um die Grundpositionen. Wenn Sie jemanden entsprechend behandelt haben, haben Sie alle Organe, Drüsen und das Nervensystem mit neuer Lebensenergie versorgt. Das ist auch der Grund, weshalb es nicht nötig ist, Kenntnis von der genauen Lage der Organe, Meridiane, Chakren, Druckpunkte und ähnlichem zu haben. Sollte Ihr Patient Probleme an Stellen haben, an denen Sie noch nicht gewesen sind, behandeln Sie diese natürlich auch noch.

Es kann Gründe geben, von der hier genannten Reihenfolge abzuweichen. Wenn jemand zum Beispiel starke Kopfschmerzen hat, kann es in manchen Fällen besser sein, erst den Nacken zu behandeln, so daß sich die dort sitzende Spannung löst.

»Abbürsten«

Obwohl das »Abbürsten« nicht zur traditionellen Reiki-Behandlung gezählt werden kann, kann es sich als Ergänzung bestens eignen. Nach der letzten Position bürsten wir viermal mit unseren Fingerspitzen vom Kopf bis zu den Füßen den Rücken des Behandelten. Stellen Sie sich dabei vor, daß Sie eine Schmutzschicht von ihm abbürsten, die Sie von Ihren Händen nach jedem Streichen hinter seinen Füßen auf den Boden abschütteln. Anschließend tun Sie, als ob Sie von den Füßen bis zum Kopf ganz langsam eine warme Decke über den Behandelten breiten würden. Beim Empfänger kann während der Behandlung »energetischer Schmutz« nach außen gekommen sein, der nach der Behandlung noch an ihm hängt und den Sie auf diese Weise entfernen. Beim Abbürsten bürstet man allerdings auch die »Schutzschicht« mit weg, deshalb legen Sie nach dem Abbürsten die Decke wieder zurück. Mit einem einfachen Muskeltest läßt sich nachweisen, daß das Zurücklegen der Decke einen wichtigen Effekt auf die Körperenergie hat. Vergessen Sie es also nicht.

Wenn jemand eine vollständige Behandlung erhalten hat, hat er ungefähr eine Stunde lang auf dem Tisch gelegen und ist oft etwas schläfrig. Reiben Sie deshalb zum Abschluß der Behandlung immer sanft den oberen Rücken, um Ihren Patienten wieder »zurückzuholen«. Lassen Sie ihm die Zeit, langsam wieder seinen Rhythmus zu finden.

Eine Behandlung im Sitzen

Wenn Ihnen einmal die Möglichkeit oder die Zeit fehlt, jemanden im Liegen zu behandeln, können Sie auch eine Behandlung im Sitzen vornehmen.

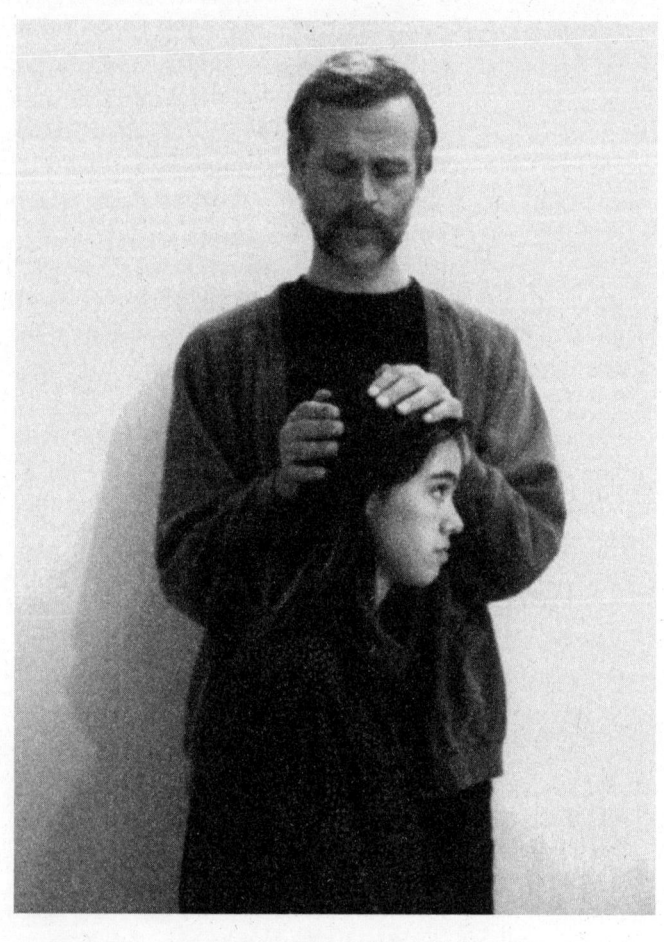

1. Eine Hand auf dem Scheitel, die andere auf dem Hinterkopf.

2. Die Hand, die auf dem Scheitel lag, legen Sie auf die Stirn, die andere Hand bleibt auf dem Hinterkopf liegen.

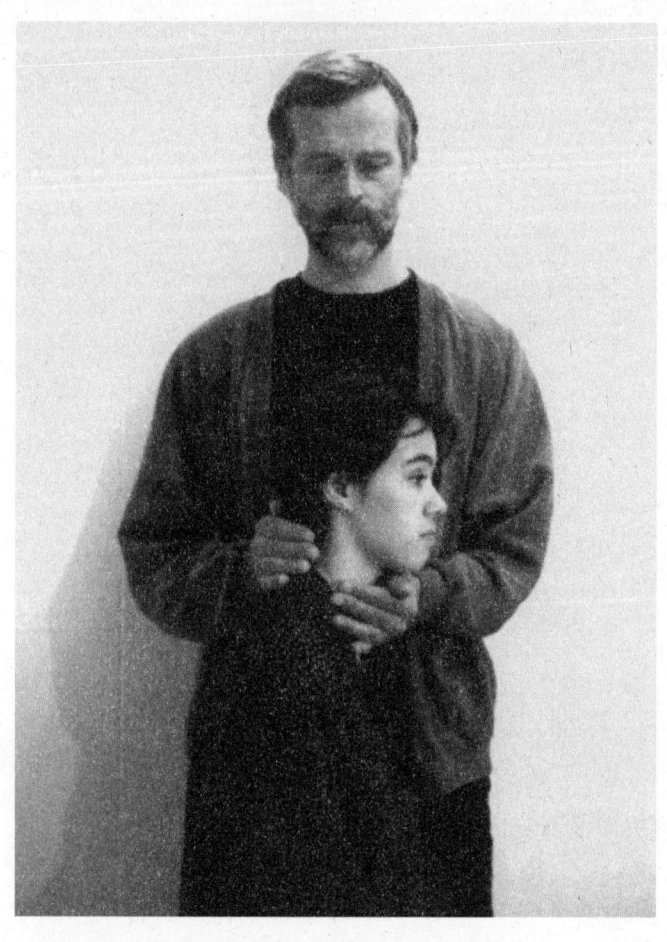

3. Eine Hand auf der Kehle (nicht drücken!), die andere Hand im Nacken.

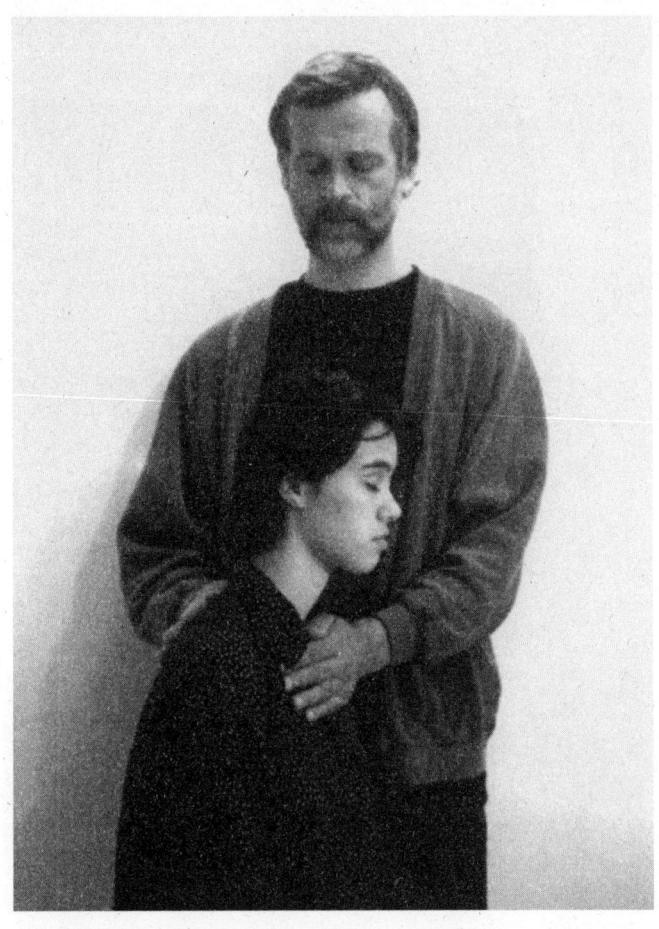

4. Eine Hand auf dem Brustbein, die andere an der entsprechenden Stelle auf der Wirbelsäule.

5. Eine Hand auf den Rippenbögen, die andere entsprechend auf der Wirbelsäule.

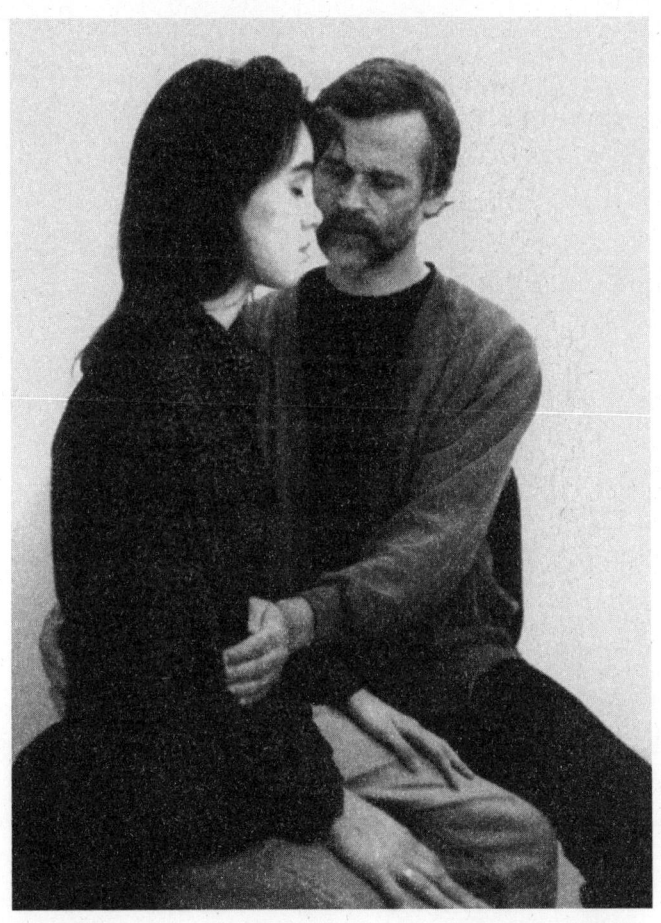

6. Auf diese Weise gehen wir jeweils eine Handbreit weiter nach unten …

... bis zur letzten Position, in der die Hände dicht oberhalb des Schambeins bzw. auf dem Steiß ruhen.

Sich selbst behandeln

Eine der wunderbaren Seiten von Reiki ist, daß Sie es ausgezeichnet an sich selbst anwenden können. Sich selbst Reiki zu geben ist eine der besten Möglichkeiten, sich etwas Gutes zu tun. Es regt Ihre Gesundheit und Ihre Entwicklung an. Pflegen Sie die Fähigkeit, die durch die Einweihungen in Ihnen geweckt wird. Grundsätzlich können Sie bei sich überall, wo Sie wollen, Ihre Hände hinlegen und Reiki strömen lassen. Dafür müssen Sie sich nicht extra hinsetzen oder -legen. Jeder Augenblick, jede Art und Weise ist gut. Wenn Sie wollen, können Sie auch eine Anzahl festgelegter Positionen anwenden.

1. Die Standhaltung: Bilden Sie mit Ihren Händen eine Schüssel und legen Sie sie in Ihren Nacken.

2. Hände nebeneinander auf Ihrem Kopf.

3. Hände auf Ihren Augen.

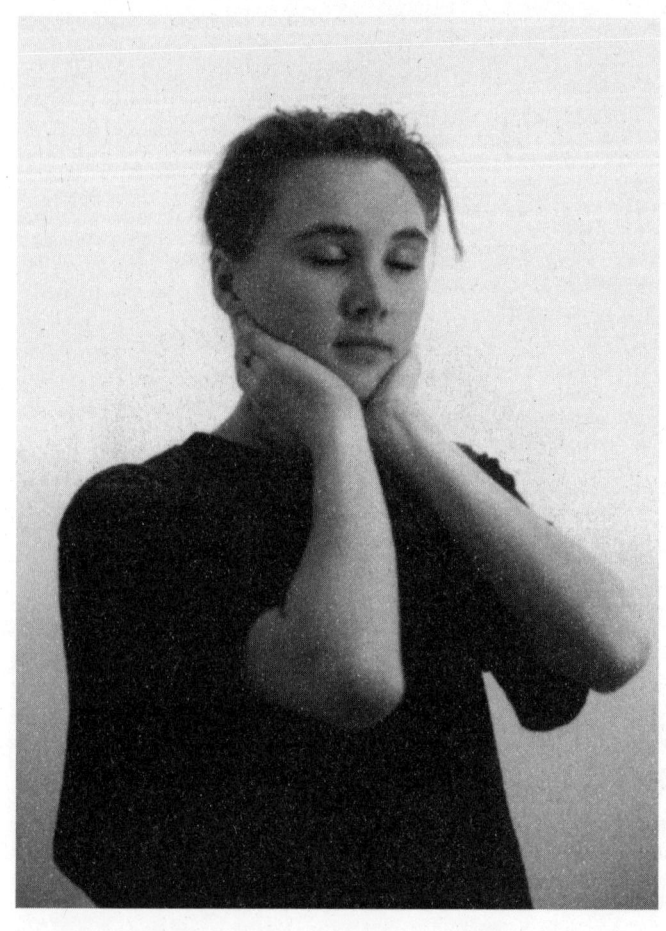

4. Hände an Ihrem Hals.

5. Hände auf dem Brustbein und
6. immer eine Handbreit weiter nach unten bewegen bis zu den Leisten. Wenn Sie nachts im Bett Probleme mit kalten Füßen haben, ist diese Position hilfreich. Legen Sie einfach die Hände auf Ihre Leisten, lassen Sie Reiki fließen, und ehe Sie sich's versehen, sind Ihre Füße wieder warm.

In den ersten Jahren, in denen ich mit Reiki gearbeitet habe, habe ich immer wieder vergessen, daß sich Reiki auch bei einfachen Dingen anwenden läßt: bei einer Schnittwunde am Finger, einem gezerrten Muskel, einer kleinen Brandwunde und ähnlichem. Erst durch die Erfahrungen unserer Kursteilnehmer, die Reiki dafür angewendet und begeistert berichtet haben, um wieviel schneller die kleinen Wunden heilten, wieviel seltener sie unter Entzündungen oder Narbenbildung litten, habe ich selbst angefangen, Reiki in solchen Situationen anzuwenden. Nutzen Sie die Annehmlichkeiten, Heilung immer zur Hand zu haben, und übersehen Sie die Möglichkeit nicht – wie ich es getan habe –, weil sie zu naheliegend ist.

Es kommt auch schon mal vor, daß Menschen bei anderen einen größeren Energiefluß spüren als bei sich selbst. Das hängt oft damit zusammen, daß Sie bei jemand anders das Gefühl haben, er verdiene die Energie viel mehr. Sollte das bei Ihnen der Fall sein, empfehlen wir Ihnen dringend die in einer der folgenden Kapitel beschriebene Spiegelübung.

Anzahl der Behandlungen

Sie können jemanden (auch sich selbst) so oft behandeln, wie Sie möchten. Bei schweren Erkrankungen sollte man Reiki sogar täglich anwenden, wenn der Patient es verkraftet (siehe den Abschnitt über Nebenwirkungen). Normalerweise behandeln wir jemanden in der ersten Woche drei- bis viermal, so daß die Wirkung der Behandlung deutlich zu spüren ist, in der zweiten Woche zwei- bis dreimal und danach ein- bis zweimal pro Woche. Über die Anzahl der Behandlungen insgesamt ist wenig zu sagen. Sie können die Behandlungen fortsetzen, solange Ergebnisse zu beobachten sind.

Es kann übrigens passieren, daß Sie gebeten werden, jemanden zu behandeln, gegen den Sie einen starken Widerstand spüren. Sie sollten sich dann vergegenwärtigen, daß Sie nicht verpflichtet sind, Reiki-Behandlungen zu geben. Respektieren Sie Ihre Grenzen. Reiki darf, muß aber nicht sein. Sie können diesen Menschen zum Beispiel auch zu einem anderen Kursteilnehmer schicken. Schauen Sie dann jedoch ehrlich bei sich nach, was den Widerstand hervorgerufen hat.

Die Reiki-Lebensregeln

Die Reiki-Lebensregeln sind von Dr. Usui aufgestellt worden, als er entdeckte, daß niemand in der Lage ist, jemand anders zu heilen, wenn der andere sich nicht selbst entscheidet, sein Leben in die Hand zu nehmen und die vollständige Verantwortung dafür zu tragen. Es sind Regeln, die Ihnen helfen können, auf eine gesündere, angenehmere Weise zu leben.

> Regen Sie sich – nur heute – nicht auf.
> Machen Sie sich – nur heute – keine Sorgen.
> Achten Sie Ihre Eltern, Ihre Lehrer
> und ältere Menschen.
> Verdienen Sie Ihr Brot auf ehrliche Weise.
> Zeigen Sie allem Lebendigen Ihre Dankbarkeit.

Fast alles Geschriebene kann auf unterschiedliche Weise interpretiert werden. Wir möchten hier unsere eigene Interpretation dieser Reiki-Grundsätze darstellen. »Nur heute« ist ein außerordentlich wichtiger Einschub. Wenn Sie sich vornehmen, für den Rest Ihres Lebens etwas zu tun oder zu lassen, bürden Sie sich eine schwere Last auf. Nur für heute sind die Vorsätze überschaubar und durchzuhalten. Und daß morgen wieder heute ist, ändert daran nicht viel. Sich heute nicht aufregen: Dazu müssen wir etwas weiter ausholen. Aggression ist ein sehr wichtiges Gefühl, das notwendig ist und produktiv sein kann, wenn Sie lernen, es richtig einzusetzen. Wenn Sie Ihren Ärger nicht herauslassen, kann er Sie von innen heraus richtig krank machen. »Regen Sie sich heute nicht auf« kann man als Aufforderung betrachten, danach Ausschau zu halten, was genau Ihren Ärger verursacht. Macht jemand etwas, was Ihr inneres Kind auch gerne täte, was Ihr innerer Erwachsener aber nicht zuläßt? Tut jemand etwas, das Sie an etwas erinnert, was Ihnen früher einmal angetan wurde und worüber Sie damals Ihren Ärger nicht äußern konnten? Können Sie sich vorstellen, daß Sie den anderen auf die eine oder andere Art und Weise provoziert haben, das zu tun, worüber Sie jetzt böse sein können?

Machen Sie sich – nur heute – keine Sorgen. Wenn Sie sich Sorgen machen, blockieren Sie Ihre Lebensenergie. Es liegt in Ihrer Macht, die Aufmerksamkeit auf das zu lenken, was alles schiefgehen kann, was Ihnen fehlt, was in Ihrem Leben schlecht ist. Sie können Ihre Aufmerksamkeit aber auch auf das lenken, was da ist, auf den Reichtum Ihres heutigen Lebens. Ein einfaches Beispiel: Wenn Sie sich jetzt Gedanken darüber machen, was Sie noch alles tun müssen, werden Sie nicht wirklich produktiv sein. Manchmal reicht es schon aus, eine Liste mit den Dingen aufzustellen, die noch gemacht werden müssen, so daß Sie alles aus dem Kopf haben.

Achten Sie Ihre Eltern, Ihre Lehrer und ältere Menschen. Es kommt vor, daß Menschen mit dieser Regel große Probleme haben. Wenn Sie keine liebevollen Eltern oder weise Lehrer hatten, ist das auch verständlich. Wenn wir jedoch davon ausgehen, daß wir uns unsere Eltern selbst ausgesucht haben, weil wir dringend etwas lernen wollten, zum Beispiel wie es nicht sein sollte (Haben Sie das gelernt, oder wiederholen Sie vielleicht gerade die Fehler Ihrer Eltern?), wenn wir die Gefühle, die uns daran hindern, zu achten und zu lieben, anzuschauen wagen, sie vollständig zulassen und wenn möglich äußern – zum Beispiel mit Hilfe der genannten Schreibübung – sind sie aus dem Weg geräumt, und wir können Eltern, Lehrer und älteren Menschen doch achten.

Verdienen Sie Ihr Brot auf ehrliche Weise. Für Dr. Usui, der seine Arbeit als Heiler bei Bettlern und Taschendieben begann, eine sehr wichtige Regel. Nicht nur im Hinblick auf das, was man anderen antut, wenn man nicht auf ehrliche Weise sein Geld verdient, sondern sicher auch im Hinblick darauf, was man sich selbst damit antut. Denn während man vielleicht auf einer bewußten Ebene der Meinung ist, daß das, was man tut, in Ordnung ist, können auf unbewußter Ebene heftige Schuldgefühle entstehen, die Ihr Leben vergiften. Schuldgefühle gehören zu den Gefühlen, die uns am meisten blockieren. Die Aufforderung, Ihr Brot auf ehrliche Weise zu verdienen, ist nicht nur ein Aufruf, von nun an keine Bank mehr auszurauben oder Ihr Steuerformular ehrlich auszufüllen. Schauen Sie einmal hin, ob Sie das, womit Sie derzeit Ihr tägliches Brot verdienen, auch mit ganzem Herzen tun.

Zeigen Sie allem Lebendigen Ihre Dankbarkeit. Sie können diesen Grundsatz als einen Aufruf zu Respekt und Wertschätzung alles Lebendigen betrachten: Pflanzen, Tiere, Menschen, die gesamte Natur. Alles hat seinen Platz und seine Funktion, auch wenn wir sie nicht immer erkennen, auch wenn wir uns nicht immer darüber freuen. Oft sind wir etwas voreilig mit unseren Versuchen, die Natur oder einen anderen zu verändern und unseren Bedürfnissen oder Vorstellungen anzupassen.

Meistens tun wir das aus einer leider ziemlich engstirnigen Perspektive, so daß schließlich kein Gewinn, sondern Verlust zu verbuchen ist.

Halten Sie es einfach

Reiki ist die einfachste Heilmethode, die wir kennen. Jeder, der bei einem Kurs die Einweihungen empfangen hat, kann damit sofort sowohl an sich selbst als auch an anderen arbeiten. Sie brauchen nichts dafür anzuschaffen oder besondere Kenntnisse zu erwerben. Sie legen Ihre Hände auf, Sie lassen die universelle Lebensenergie strömen, und es funktioniert immer und überall. Für einige Menschen ist das zu einfach. Aus Unsicherheit (Gebe ich dem anderen auch genug?) oder aus dem Gedanken heraus: Je komplizierter etwas ist, desto besser wirkt es sicherlich, wird die einfache Reiki-Behandlung mit dem Auflegen von Edelsteinen erweitert oder an bestimmten Druckpunkten, Chakren oder Meridianen angewendet. Manchmal werden zusätzlich Aluminiumbildchen benutzt, wird Weihrauch verbrannt, vorher meditiert und so weiter. An sich kann das alles nicht schaden; Reiki läßt sich hervorragend mit alternativen oder anderen Heilmethoden kombinieren. Machen Sie sich jedoch nicht von diesen Hilfsmitteln abhängig. Es wäre schade, wenn Sie ohne diese »Extras« so unsicher würden, daß Sie sich dann nicht mehr zu behandeln trauten. Außerdem stiften Sie Verwirrung, wenn Sie ein solches kombiniertes Paket dann noch Reiki nennen. Meine eigene Arbeitsweise ist in den letzten Jahren immer einfacher geworden. Je mehr ich mit Reiki gearbeitet habe, desto mehr habe ich gelernt, der überraschenden Wirkung zu vertrauen und desto weniger habe ich das Bedürfnis verspürt, auf alte vertraute Methoden und zusätzliche Mittel zurückzugreifen.

Wenn Menschen nicht gesund werden

Reiki-Behandlungen garantieren nicht, daß der Behandelte in allen Fällen auch gesund wird. Es kann sein, daß der Patient eine Krankheit hat, mit der er nun einmal leben muß. Reiki kann dabei helfen. Achten Sie einmal auf Ihre Reaktionen, wenn Sie jemanden behandeln, der nicht gesund wird. Werden Sie dann ungeduldig, haben Sie den Ehrgeiz, sich selbst zu beweisen? Wenn nach mehreren Behandlungen immer noch keine Besserung eintritt, ist oft noch etwas anderes mit im Spiel. Es gibt nämlich Menschen, die – oft unbewußt und aus dem Unvermögen heraus, das, was sie brauchen, auf andere Weise zu erreichen – soviel Vorteile aus ihrer Krankheit ziehen, daß sie sie um nichts in der Welt aufgeben wollen. Achten Sie nur einmal auf die Aufmerksamkeit, die Sie erhalten, oder auf die Verantwortung, die von Ihnen abfällt, wenn Sie krank sind. Es gibt auch Menschen, die Kranksein als Machtmittel einsetzen, um ihre Umgebung unter Druck zu setzen. »Ich bin krank, also mußt du ...« Menschen, die den »Krankheitsbonus« nicht verlieren wollen, werden sich gerne einige Male von Ihnen behandeln lassen, aber sobald die Behandlungen zu wirken drohen, werden sie plötzlich nicht mehr kommen. Gesund werden heißt verändern. Und etwas verändern ist in manchen Fällen recht unangenehm. Für manche so unangenehm, daß sie doch lieber krank bleiben. Ein weiterer »schwieriger« und deshalb lehrreicher Fall ist der Patient, der während der ersten Sitzung ausführlich berichtet, bei wievielen Ärzten, Spezialisten, Psychiatern, Priestern, Gebetsheilern und alternativen Therapeuten er schon war und daß sie ihn alle nicht heilen konnten. Danach lädt er Sie ein, ihm zu beweisen, daß Sie es können. Wenn Sie aus einem Bedürfnis nach Selbstbestätigung die Herausforderung annehmen, erwartet Sie von vornherein eine Enttäuschung, der Mißerfolg ist garantiert. Dieser Patient ist nämlich auch damit beschäftigt, sich selbst zu bestätigen. Er befindet sich in einem Wettstreit, den er gewonnen hat, wenn bewiesen ist, daß Sie ihn auch nicht heilen können. Danach geht er gutgelaunt zu einem neuen »Gegner«. Dieses »Spielchen«, das tatsächlich eine unbeholfene Art ist, sich selbst zu beweisen (»Siehst du, ich und meine Krankheit behalten die Oberhand über diese Schlaumeier!«), kann nur mit Hilfe von Behandelnden gelingen, die – aufgrund ihres Bedürfnisses, sich zu beweisen – in die Falle gehen. Sie könnten jedoch dem Wettstreit einen anderen Inhalt geben, indem Sie behaupten, daß diesem Menschen in der Tat nicht mehr zu helfen sei, daß Sie ihm höchstens eine bestimmte Anzahl Behandlungen geben können, um sein Leid etwas zu lindern. Es besteht die Möglichkeit, daß der »Spieler« dann zu beweisen versucht, daß Sie unrecht haben, indem sich sein Zustand jetzt etwas bessert.

Wir sind davon überzeugt, daß jeder einzelne in hohem Maße für sein Glück und seine Gesundheit selbst verantwortlich ist. Das ist jedoch kein Grund, jemand anders zu Unrecht die Schuld an seiner Krankheit anzulasten und ihm ein schlechtes Gewissen zu machen. Es besteht ein riesiger Unterschied zwischen Schuld und Verantwortlichkeit. Wenn man die Verantwortung für sein Leben übernimmt, hat man die Macht, zu handeln und Dinge zu verändern. Nimmt man die Schuld auf sich, macht man sich dadurch machtlos. Schuld richtet sich auf eine unveränderliche Vergangenheit, Verantwortung auf ein veränderbares Jetzt.

Einige praktische Hinweise

Wenn Sie nach dem Kurs mit Reiki anfangen wollen, ist es nicht nötig, sofort einen Behandlungstisch zu kaufen. Viele Menschen arbeiten zu Beginn mit ihren Familienmitgliedern und Bekannten, indem sie einfach eine Luftmatratze auf den Küchentisch legen oder eine alte Tür auf ein paar einfache Böcke und darauf eine normale Matratze und ein Bettuch. So liegt man übrigens bequemer als auf den meisten Behandlungstischen, die schmaler und härter sind. Wenn Sie auch Fremde behandeln, ist es sinnvoll, einen separaten Raum einzurichten. Sorgen Sie dafür, daß der Raum hell und leicht sauberzuhalten ist, nicht ständig jemand hereinkommt oder hereinschaut, es keine störenden Geräusche und keine Zugluft gibt. Es ist wichtig, daß der Raum sich gut heizen und lüften läßt. Wenn Sie während der Behandlung gerne Ihre Lieblingsmusik hören möchten, denken Sie daran, daß Menschen auf Musik unterschiedlich reagieren. Was für Sie beruhigend ist, kann von anderen als störend empfunden werden. Reklame für sich zu machen ist nicht nötig. Wer von Ihnen behandelt wird, wird es weitererzählen, und so kommt es ganz natürlich zu einer Zunahme an Patienten. Einmal fanden wir am Schwarzen Brett eines Supermarkts einen Aushang von jemandem, der sich als diplomierter Reiki-Therapeut bezeichnete und behauptete, er könne die Heilung aller Krankheiten garantieren. Sich auf diese Weise verkaufen zu wollen ist nicht korrekt und überflüssig; es funktioniert nicht, und es läßt die Verantwortlichkeit, die jeder einzelne für seine Genesung hat, völlig außer acht. Wenn Sie sich für Behandlungen bezahlen lassen, wenden Sie auch darauf die Reiki-Lebensregeln an, und geben Sie Ihre Einkünfte bei der Steuer an. Das ist nicht nur ehrlich, sondern gibt Ihnen auch die Möglichkeit, die Kosten, die beim Einrichten Ihres Behandlungszimmers und durch die Teilnahme an Kursen entstehen, geltend zu machen. Darüber hinaus ist es nicht unvernünftig zu überprüfen, ob Ihre Haftpflichtversicherung dafür aufkommt, wenn jemand, den Sie für Behandlungen zahlen lassen, über eine hochstehende Teppichkante stürzt und anschließend Schadenersatz fordert.

Die Reiki-Alliance

Die Reiki-Alliance ist eine weltweite Organisation von Reiki-Meistern, gegründet von Großmeisterin Phyllis Furumoto. Die Reiki-Alliance kennt eine Anzahl von Richtlinien, nach denen Reiki-Kurse gegeben werden und die ein Meister erfüllen muß. Die Richtlinien schreiben zum Beispiel einen Übungszeitraum von 90 Tagen zwischen dem ersten und zweiten Grad vor, den Zeitraum von mindestens einem Jahr zwischen dem zweiten Grad und der Einweihung zum Meister, in dem man von einem Meister begleitet wird, sowie die Auflage, daß Meister erst eine Anzahl von Jahren Erfahrung sammeln müssen, bevor sie andere zum Meister einweihen können. Die Richtlinien der Reiki-Alliance dienen dazu, das Usui-System des natürlichen Heilens in seiner Reinform zu erhalten. Auch gibt es weltweite Absprachen über die Höhe der Preise. Im Moment beraten die Mitglieder der Alliance über eine Erneuerung der Regeln und der Forderungen, die an neue Mitglieder gestellt werden sollen.

Zeichen der Reiki-Alliance

Kapitel 3

Bedingungslose Liebe

Während der erste Teil des Buchs hauptsächlich von Reiki handelt, wird im zweiten Teil beschrieben, wie wir uns im alltäglichen Leben von der Lebensenergie abschneiden, weshalb wir dazu neigen und wie wir lernen können, uns der Energie wieder mehr zu öffnen.

Die meisten von uns haben bereits in frühester Jugend gelernt, daß Mama und Papa uns liebhaben, wenn ... Jeder kann hier die Voraussetzungen einsetzen, die er selbst gelernt hat: wenn wir nicht schreien, wenn wir brav sind, wenn wir nicht weinen, nicht zornig sind, unser Bestes tun und so weiter. Unserer Erfahrung nach ist Liebe an Bedingungen geknüpft. Wir müssen sie verdienen, wir müssen ihrer wert sein ... Weil geliebt zu werden vor allem zu Beginn unseres Lebens überlebenswichtig ist, sind diese Erfahrungen so tief in unser Gedächtnis eingegraben, daß sie zu Überzeugungen geworden sind, an die wir uns für den Rest unseres Lebens halten; wir haben sie uns zu eigen gemacht. Da wir Menschen sind und deshalb alles andere als perfekt, tragen wir heute als Erwachsene noch immer die (zumeist unbewußte) Überzeugung in uns, daß wir keine Liebe verdienen, weil ... Wir haben nicht gelernt, wir haben nicht erfahren, daß es auch so etwas wie bedingungslose Liebe gibt.

Aber es gibt sie. Sie ist eine heilende Energie, die wir für Leib und Seele benötigen, die sowohl unseren Körper als auch unseren Geist vor Krankheiten und Kummer schützt. Und es gibt sie im Überfluß. Sie ist genauso da für Schurken und Schufte wie für Heilige. Sie ist für jeden da: für mich, für Sie. Sie ist JETZT da! Und wir brauchen nichts zu tun, um sie zu bekommen. Wir müssen nur damit aufhören, uns vor ihr zu verschließen.

Wir verschließen uns vor der bedingungslosen Liebe mit Hilfe unserer Überzeugungen. »Ich bin nicht gut genug; ich bin es nicht wert, ...; wenn ich erst einmal ..., dann ...« Wir verschließen uns aufgrund unserer Schuldgefühle und weil wir meinen, daß wir erst noch viel an uns arbeiten müssen. Sie können diese Liebe jedoch nicht verdienen, denn es sind keine Bedingungen daran geknüpft.

Ich habe die Erfahrung gemacht, daß man so etwas lesen oder auch hören kann und dabei denkt: »Ja, das stimmt«, oder: »Ja, ich werde demnächst einmal ...«, aber daß es nichts bei Ihnen bewirkt, Sie es nicht wirklich erfahren, es Sie nicht berührt. Deshalb sind wir froh, einen einfachen Test gefunden zu haben, mit Hilfe dessen jeder die unmittelbare Wirkung auf seinen Körper spüren kann, erfahren kann, wie es ist, wenn man sich – und sei es auch nur für einen Augenblick – der bedingungslosen Liebe öffnet. Seitdem wir diese Methode entdeckt haben, ist sie fester Bestandteil der Kurse an unserem Reiki-Zentrum.

Übung
Stellen Sie sich vor einen Spiegel, schauen Sie sich freundlich in die Augen, sprechen Sie sich mit Ihrem Vornamen an, und ergänzen Sie: »Ich liebe dich, und ich öffne mich für die bedingungslose Liebe.«

Diese Übung wirkt auch dann, wenn Sie von dem, was Sie sagen, nicht überzeugt sind. Der Muskeltest, den wir während des Kurses anwenden, zeigt, wie stark diese Übung die Körperenergie beeinflußt.

Test
Für diesen Test brauchen Sie einen Partner. Sie halten im Stand den rechten Arm am Körper, den linken auf Schulterhöhe seitlich ausgestreckt. Ihr Partner steht Ihnen gegenüber und hat seine linke Hand auf Ihrer linken Schulter, die rechte Hand an Ihrem linken Handgelenk. Sie sehen sich nicht an, sondern schauen geradeaus aneinander vorbei. Der Testende sagt: »Festhalten.« und drückt mit seiner rechten Hand Ihr linkes Handgelenk nach unten, während Sie versuchen, Ihren linken Arm auf Schulterhöhe zu halten. Es ist kein Ringkampf, bei dem es den Stärkeren herauszufinden gilt; es geht darum, den normalen Muskelwiderstand der Testperson zu erspüren. Anschließend wiederholen Sie den Test, wobei die Testperson die rechte Hand auf das Brustbein legt. Hier verläuft der Thymusmeridian. An dieser Stelle testen Sie Ihre Lebensenergie und Ihre Widerstandsfähigkeit gegen Krankheiten. 95 Prozent der Getesteten erzielen ein schlechteres Ergebnis mit der rechten Hand auf dem Brustbein, was bedeutet, daß sie (in dem Moment) nicht für bedingungslose Liebe offen sind. Die Testperson macht jetzt die oben beschriebene Spiegelübung, wonach der Test mit der Hand auf dem Brustbein wiederholt wird. Sie werden feststellen, daß Sie nun ein deutlich besseres Ergebnis erzielen.

Zu Beginn bleibt die Wirkung der Spiegelübung je nach Ihrem Gesamtzustand zwischen einer und fünf Stunden lang erhalten. Wenn Sie die Übung regelmäßig durchführen, wird sie schließlich bleibende Wirkung haben. Sie erkennen den Zeitpunkt, an dem sich die bleibende Wirkung einzustellen beginnt, oft an dem heftigen Widerstand, den Sie gegen die Übung entwickeln. Machen Sie gerade dann noch eine Zeitlang mit der Übung weiter; dies wird eine Veränderung bewirken und in Ihnen eine neue gesunde Überzeugung hinterlassen.

Mehr über Liebe

Ab und zu begegnen wir Menschen, die gelernt haben, daß es egoistisch ist, sich selbst zu lieben; Menschen, die in der Vorstellung erzogen wurden, daß sie nur dazu da sind, für andere zu sorgen. Wenn Sie es egoistisch finden, sich selbst zu lieben, dann schauen Sie erst einmal, wie Ihre Eltern mit Liebe umgegangen sind. Waren Ihre Eltern in der Lage, sich selbst zu lieben und so zu akzeptieren, wie sie sind? Und Sie zu lieben? Wenn Sie nicht in der Lage sind, sich selbst zu lieben, wie Sie sind, werden Sie andere meist auch nicht so lieben können, wie sie sind.

Viele Menschen, die nicht gelernt haben, für sich selbst zu sorgen, versuchen das dadurch zu kompensieren, daß sie für andere sorgen. Sie wählen als Beruf Krankenpfleger, Altenpfleger, Erzieher, Sozialarbeiter, Psychotherapeut oder Mutter. (Daß dies alles schlecht bezahlte Berufe sind, bestätigt die Schwierigkeiten, die man hat, für sich zu sorgen.) Im Laufe der Jahre entsteht dann oft tief in dem Menschen eine gewisse Verbitterung: »Und ich, wer sorgt jetzt für mich?« Andere, die sich mit Leib und Seele in pflegerische Arbeit stürzen oder Familienmitglieder versorgen, bekommen Probleme, wenn sie durch Pensionierung, dadurch, daß die Kinder das Haus verlassen oder der Partner stirbt, niemanden mehr haben, für den sie sorgen können. In dem Moment erscheint das Leben plötzlich sinnlos, weil sie niemals gelernt haben, den Sinn bei sich selbst zu sehen.

Sich selbst zu lieben und zu akzeptieren sind auch wichtige Vorbedingungen für Veränderungen. Wenn Sie sich nicht gut genug finden, sich ganz oder teilweise ablehnen und wenn Schuldgefühle oder Selbstzurückweisung der Grund dafür sind, daß Sie sich verändern wollen, ist es fast unmöglich, eine Veränderung herbeizuführen. Arbeit an sich selbst wird so meist zur Arbeit gegen sich. Der »abgelehnte« Teil in Ihnen wird Widerstand leisten. Alte Verhaltensmuster loslassen geht nicht mit Gewalt. Alte Verhaltensmuster, alte Gefühle sind einmal entstanden, weil es einen guten Grund dafür gab. Wenn sie Ihnen jetzt nicht mehr hilfreich scheinen, können Sie Ihre alten Gefühle und Gewohnheiten wohlwollend verabschieden.

Untersuchungen haben gezeigt, daß alleinstehende ältere Menschen mit einem Haustier im Durchschnitt länger leben als solche ohne Haustier. Das besagt nichts über Haustiere, es weist nur darauf hin, daß bedingungslose Liebe – und die ist im Hinblick auf Tiere um einiges einfacher als bei Menschen – für unsere Gesundheit wichtig ist.

Es gibt Menschen, die sich jahrelang danach sehnen, endlich einem liebevollen Partner zu begegnen. »Wenn er/sie nur in mein Leben tritt, werde ich glücklich sein«, meinen sie. Leider ist das nicht so. Erst wenn Sie imstande sind, sich selbst zu lieben, werden Sie liebevolle Beziehungen erleben. Die Einstellung zu sich selbst wirkt wie ein Magnet. Verurteilen Sie sich, werden Sie Menschen anziehen, die Sie verurteilen. Finden Sie sich nicht liebenswert, werden Sie auch keine Menschen anziehen, die Sie liebenswert finden. Lieben Sie sich, werden Sie Menschen anziehen, die Sie lieben.

Wenn Sie in Ihrem Leben bedingungslose Liebe wirklich zulassen, kann es passieren, daß sie wie ein Reinigungsmittel »das Schlechte« in Ihnen löst. Alles in Ihnen, was der bedingungslosen Liebe im Weg steht: Angst, Aggressionen, Schuldgefühle, Haß, Eifersucht und ähnliches kann dann hochkommen. Genauso wie es ein Naturgesetz ist, daß zwei Körper nicht zur gleichen Zeit denselben Raum einnehmen können, wirft die Liebe, die Sie hereinlassen, Gefühle, die mit ihr in Streit liegen, hinaus. Für manche Menschen ist das Grund genug, sofort die Flucht anzutreten, wenn sie mit bedingungsloser Liebe konfrontiert werden. Für andere ist es die Gelegenheit, mit dem alten Plunder einmal aufzuräumen. Sich selbst völlig der Liebe zu öffnen ist der wirksamste Weg zur emotionalen Reinigung. Vielleicht erkennen Sie Ihre eigenen Tricks, die Sie in der Vergangenheit eingesetzt haben, um wirkliche Liebe nicht zuzulassen. Ich selbst habe z. B. immer, wenn mir jemand etwas Freundliches gesagt hat, einen sarkastischen Witz gemacht, wodurch die anderen nicht gerade ermuntert wurden, mir öfter etwas Nettes zu sagen. Oder ich fing an, das, wofür ich gelobt wurde, sofort abzuwerten, so daß ich das Kompliment nicht richtig an mich heranzulassen brauchte. Wenn eine Beziehung drohte, die für mich gut schien, hatte ich die Angewohnheit, mich sofort heftig in jemand anders zu verlieben.

Eine der wichtigsten Aussagen über Liebe, die ich jemals gehört habe, lautet: »Eine liebevolle Beziehung ist eine Beziehung, in der ein Partner die Liebe des anderen für sich selbst nicht behindert.« (Kyle Os)

Ein häufiges Mißverständnis in puncto Liebe ist, daß liebevoll sein dasselbe sei wie lieb zueinander sein oder immer von allen lieb und nett gefunden zu werden. Das führt dazu, daß wir uns niemals nein zu sagen trauen, ohne uns selbst lieblos zu finden. Eigene Grenzen zu setzen ist jedoch besonders wichtig. Das hat alles mit Respekt vor sich selbst zu tun. Christus, den wir in unserer Kultur für den liebevollsten Menschen halten, der jemals gelebt hat, war liebevoll zu Schurken, Huren und Zöllnern, jagte aber auch mit eiserner Hand Menschen aus dem Tempel, die aus Glauben Profit schlagen wollten.

Nachgiebigkeit ist nicht gleich Liebe, sondern meistens ein Ausweichen vor der Verantwortung unter dem Deckmantel der Liebe.

Das Kind in Ihnen

Jeder Erwachsene hat ein inneres Kind. Unser inneres Kind ist ein Teil unserer Persönlichkeit. Diese »Unterpersönlichkeit«, die wir das innere Kind nennen, entsteht in unseren ersten Lebensjahren. Weil das Kleinkind vollständig von seinen Eltern abhängig ist, sind Gefühle wie Verlassenwerden, Zurückgewiesenwerden, Bedrohtwerden außerordentlich stark. Auch Kinder von sehr liebevollen und fürsorglichen Eltern kennen diese Gefühle. Wenn diese Gefühle sehr stark werden, werden sie zu bedrohlich für das Kind, es will sie nicht spüren, es verdrängt sie. Und durch das Verdrängen dieser Gefühle »erfriert« gewissermaßen ein Stück der Persönlichkeit. Es wächst auf dem Weg zum Erwachsenwerden nicht mehr mit der übrigen Persönlichkeit. Das innere Kind hat die Neigung, heute noch jemanden zu suchen, der Ihnen gibt, was Sie als Kind nicht bekommen haben. Warten auf einen Menschen, der ... Eine Neigung, die Ihnen enorme Probleme bereiten kann, denn es gibt niemanden in dieser Welt, der Ihnen heute das geben kann, was Sie vor Jahrzehnten entbehren mußten. Eine naheliegende Reaktion auf die Sehnsüchte und Bedürfnisse des inneren Kindes ist, es so schnell wie möglich wieder wegzuschicken: »Weg mit dir, geh mir nicht auf die Nerven, was du willst, ist unmöglich.«

Der Elternteil in Ihnen

Der wichtigste Grund dafür, daß wir uns regelmäßig mit unserem inneren Kind streiten, liegt in der Tatsache, daß wir noch eine andere »Unterpersönlichkeit« haben, nämlich unseren inneren Elternteil. Der innere Elternteil ist in unserer Jugend entstanden, indem wir uns Äußerungen unserer Erziehungsberechtigten zu eigen gemacht haben. Unser innerer Elternteil ist ein Experte auf dem Gebiet der Pflicht, dafür, wie etwas sein muß, wie es sich gehört. Urteilen und Verurteilen gehört zu unserem inneren Elternteil. Wenn Sie sich sagen hören: »Ich sollte noch soviel ...«, dann spricht ihr innerer Elternteil. Unser inneres Elternteil ist auch der Teil von uns, der uns glauben läßt, daß wir so, wie wir jetzt sind, nicht wert sind, bedingungslose Liebe zu empfangen.

Der Erwachsene

»Ich möchte so gerne ...«, sagt mein inneres Kind. »Das geht nicht, weil ...«, sagt mein innerer Elternteil. Wenn ich mein Leben von den Wünschen meines inneren Kindes und dann wieder von den Forderungen des Elternteils bestimmen lasse, verliert es die Richtung, dann irre ich durch das Leben, einmal in die eine, dann wieder in die andere Richtung. Glücklicherweise *bin* ich kein inneres Kind, kein innerer Elternteil, sondern ich habe ein inneres Kind, einen inneren Elternteil. Ich bin jemand anders, ich bin ein Erwachsener. Und der Erwachsene kann wählen. Er kann sich anhören, was das innere Kind will, was der innere Elternteil dagegen vorzubringen hat, und dann entscheiden.

Zusammenarbeiten statt streiten

Die Tendenz, das innere Kind wegzuschieben, weil die Wünsche manchmal recht lästig sind, ist naheliegend. In unserem inneren Kind sitzen jedoch auch unsere Lebenskraft und unsere Kreativität, und es geht auf unsere eigenen Kosten, wenn wir sie unterdrücken. Unser inneres Kind kann uns, wenn es sich verleugnet fühlt, auch einen Strich durch die Rechnung machen. Wenn Sie, geführt von Ihrem inneren Elternteil, pflichtbewußt an die Arbeit gehen, ohne auch nur in geringster Weise an Ihr inneres Kind zu denken, können einfach kleine Unfälle geschehen, die alle Anstrengungen zunichte machen. Das Unterdrücken unseres inneren Elternteils mit all den hinderlichen Urteilen und Forderungen erscheint vielleicht herrlich, aber vieles, was wir von unseren Eltern übernommen haben, ist ja auch ganz sinnvoll: Es hält uns auf den Beinen und aus dem Gefängnis. Die Kunst besteht darin, daß Sie langsam aber sicher lernen, die zwei Parteien nicht miteinander streiten, sondern zusammenarbeiten zu lassen. Wenn Sie etwas in Angriff nehmen, worüber sich Ihr inneres Kind und Ihr innerer Elternteil einig sind, werden Sie viel energischer und erfolgreicher sein. Es gibt einige Methoden, die Ihnen helfen, die Zusammenarbeit herzustellen:

1. Es ist schwierig, mit einem Kind zusammenzuarbeiten, das ängstlich, verärgert oder bekümmert ist, das sich im Stich gelassen oder bedroht fühlt. Deshalb ist es auch gut, erst einmal für diese Gefühle etwas zu tun.

Setzen Sie sich an einen ruhigen Platz, und stellen Sie sich vor, daß Sie sich selbst als kleines Kind auf dem Schoß haben. Legen Sie Ihre Hände auf den Rücken des Kindes (auf Ihren eigenen Bauch), und geben Sie dem Kind eine Zeitlang Reiki. Stellen Sie sich dann vor, daß das Kind sehr klein wird und Sie es in sich an der Stelle aufnehmen, an der Ihr Herz sitzt. Sagen Sie dem Kind: »Ich liebe dich; du bist willkommen.« Wenn Sie diese Übung regelmäßig durchführen, werden Sie merken, daß Ihr inneres Kind ruhiger wird. Weitere nützliche Übungen mit Ihrem inneren Kind finden Sie in dem Buch von Erika J. Chopich und Margaret Paul *Aussöhnung mit dem inneren Kind*.

2. Eine andere wirkungsvolle Methode ist das Gespräch mit Ihrem inneren Kind.

Wenn Sie sich schlecht fühlen, nehmen Sie einen Teddybären auf den Schoß, und fragen Sie den Bären (das innere Kind), was mit ihm los ist. Dann geben Sie sich völlig diesem Gefühl hin, drehen den Bären mit seinem Rücken zu sich und lassen ihn laut antworten: »Mir geht es schlecht, weil ...«. (z. B. »... du mich im Stich gelassen hast, du mich nicht beschützt hast, als ...«). Drehen Sie den Bären dann wieder mit dem Gesicht zu sich und fragen Sie ihn, was Sie (als Erwachsener) jetzt für ihn tun können. Fast immer wird die Antwort Ihres inneren Kindes / des Bären sein, daß es / er möchte, daß Sie ihm zuhören, sich um es / ihn kümmern und es / ihn beschützen.

Und zu Recht, denn so beschützend wie wir anderen – auch wildfremden Kindern – gegenüber sofort werden, so nachlässig springen wir mit unserem inneren Kind um. Diese Übung hilft Ihnen, sich für Ihr inneres Kind einzusetzen, wie Sie sich auch für andere Kinder einsetzen würden. Achten Sie darauf, daß Sie während dieser Übung nicht in die Elternrolle rutschen: »Es ist auch deine eigene Schuld, denn ...« Beenden Sie diese Übung immer, indem Sie zu dem

Bären sagen. »Ich liebe dich, und ich werde immer für dich da sein.«

3. Die Zwei-Stühle-Methode:

Wenn Sie sich in einer Zwickmühle befinden: »Ich möchte so gerne, aber es geht nicht, weil ..., was soll ich jetzt machen?«, können Sie zwei Stühle einander gegenüber aufstellen. Sie setzen sich auf den einen und sagen zum anderen: »Ich will ...« Dann setzen Sie sich auf den anderen Stuhl und sagen: »Das geht nicht, weil ...« Sie wechseln wieder auf den ersten Stuhl: »Ja, aber ...« Auf diese Weise wechseln Sie jedesmal den Stuhl und die Rolle, so daß beide Seiten ihr Anliegen vorbringen können. Wenn wir diese Übung im Rahmen einer Gruppe durchführen, fällt allen sofort auf, wie stark Körperhaltung und Stimme sich voneinander unterscheiden, je nachdem, ob man die Elternrolle oder die Kinderrolle vertritt. Wenn beide Parteien alles gesagt haben, was sie vorbringen wollten – Sie werden feststellen, daß oft mehr dahintersteckt, als Sie gedacht haben –, können Sie versuchen, sich zu einigen oder den Erwachsenen einen Beschluß fassen lassen.

Übernehmen ist ein Tätigkeitswort

Es kommt immer wieder vor, daß Menschen, die mit Menschen arbeiten, Probleme bekommen, weil Sie die Schmerzen, Stimmungen oder Ermüdungserscheinungen ihres Patienten übernehmen. Meistens löst sich das Problem, wenn diese Menschen die Reiki-Einweihungen erhalten haben, weil man – wenn man voller Reiki-Energie ist – für die negative Energie anderer einfach nicht mehr offen ist. Wenn Sie Dinge übernehmen, heißt das nicht, daß Ihnen etwas geschieht, sondern daß Sie aktiv etwas tun. Wenn Sie etwas übernehmen, gibt es dafür mehrere mögliche Ursachen. Vielleicht sind Sie während einer Behandlung ständig mit sich selbst beschäftigt (»Mach ich es gut genug? Wird es auch helfen?« und so weiter). Auf diese Weise unterbrechen Sie den Energiefluß, der durch Sie hindurchströmt, und es entsteht eine Leere, die gefüllt werden will. In dem Moment kommt es zu einem Energiestrom in die falsche Richtung, die »negative« Energie des anderen fließt zu Ihnen, um die Leere zu füllen.

Eine andere Ursache für die Übernahme findet sich bei Menschen, die nicht ausreichend gelernt haben, für bedingungslose Liebe offen zu sein, und die sich als Kompensation für die Tatsache, daß sie nicht ausreichend für sich sorgen können, um andere kümmern. Sie geben ihre eigene Energie weg, so daß eine Leere entsteht. Zu der Gruppe gehören auch diejenigen, die meinen, daß die Aufopferung für andere eine edle Tat sei. Aus mangelndem Selbstwertgefühl heraus nehmen sie die Schmerzen anderer auf sich. Das mag nobel erscheinen, der andere hat jedoch nichts davon, da die Ursache seiner Schmerzen nicht beseitigt wird. Wenn wir die Reiki-Energie an ihn weiterleiten, unterstützen wir ihn darin, seine Muster loszulassen und seine Krankheit zu überwinden. Seine Schmerzen zu übernehmen nützt ihm langfristig nichts. Außerdem gibt es eine Gruppe von Menschen, die stolz darauf sind, daß sie die Probleme anderer übernehmen, weil sie zu Unrecht der Ansicht sind, daß das Übernehmen ein Beweis für ihre ausgeprägte Empfindsamkeit ist. Für Eindrücke offen zu sein, zu sehen, was mit anderen los ist, ist wunderbar. Das kann einem bei der Arbeit helfen. Das Übernehmen der Unannehmlichkeiten eines anderen hat dagegen nichts Edles; es belastet Sie nur. Wenn Sie Schwierigkeiten in dieser Hinsicht haben, ist es vielleicht gut, sich in der nächsten Zeit intensiv mit der Spiegelübung zu beschäftigen.

Hellsichtigkeit

Eine der Folgen der Reiki-Einweihungen und der häufigen Anwendung von Reiki ist, daß sich Begabungen, die in Ihnen schlummern, auch entwickeln. Manchmal sind das »übersinnliche« Fähigkeiten, wie zum Beispiel Hellsichtigkeit und ähnliches. Es ist zu Beginn sicher sehr verwirrend, wenn Sie davon überrascht werden, daß Sie plötzlich Botschaften über jemanden, den Sie gerade behandeln, empfangen. Am Anfang gehen Phantasie, Projektion und wirkliches Hellsehen oft durcheinander. Sie sollten Ihren Wahrnehmungen nicht blindlings vertrauen. Deshalb ist es auch nicht empfehlenswert, dem Patienten sofort zu erzählen, was Sie gerade sehen. Am Anfang ist es wahrscheinlich am besten, wenn Sie das, was Sie sehen oder fühlen, als eine Botschaft für sich persönlich betrachten. »Ich sehe es, also darf ich davon etwas lernen.« Schließlich – und das hat mit »übersinnlichen« Erfahrungen nichts zu tun – ist jeder, der zu Ihnen kommt, um sich behandeln zu lassen, auch ein Spiegel für Sie. Schauen Sie immer, welche Lektion, welche Botschaft der andere für Sie bereithält. Arbeitet der andere seiner Genesung entgegen? Wie gehen Sie damit um? Ist der andere süchtig nach Abhängigkeit? Wie ist das bei Ihnen? Weigert sich der andere konsequent, etwas sehr Wichtiges bei sich zu sehen? Wie ist das bei Ihnen? Auch später, wenn Sie viel sicherer sind, ist es gut, anderen Ihre Erfahrungen nicht aufzudrängen. Lassen Sie dem anderen die freie Wahl, indem Sie zum Beispiel sagen: »Meine Erfahrung ist, daß ... Sagt Ihnen das etwas?«

Geld, Kraft und Liebe

Es gibt nur eine einzige Energie, die viele unterschiedliche Erscheinungsformen annimmt. Geld ist eine solche Erscheinungsform. Kraft ist ebenfalls eine Erscheinungsform derselben Energie. Auch Liebe ist eine solche Erscheinungsform. Und für diese offensichtlich so unterschiedlichen Erscheinungsformen gelten genau dieselben Naturgesetze. Sie können lernen, sich für Geld, Kraft und Liebe zu öffnen. Sie können dem Irrtum anhängen, daß Sie es nicht wert sind, Sie können diesen Irrtum aber auch ziehen lassen. Sie können dem Irrtum anhängen, daß unterschiedliche Erscheinungsformen ein und derselben Energie unterschiedlichen Wert haben, indem Sie zum Beispiel davon überzeugt sind, daß Liebe etwas Herrliches und Hochstehendes ist, während Geld eigentlich zu verachten wäre, »Schmutz der Erde«, den Sie nun einmal leider brauchen, worauf Sie aber, wenn es nach Ihnen ginge, auch verzichten könnten. So gibt es auch Menschen, die eine ihnen eingeredete Abneigung gegen Kraft haben. Kraft soll zum Beispiel nicht weiblich sein. Wenn Sie weder Zeit noch Mühe scheuen, alte Überzeugungen loszulassen, können Sie entdecken, daß man mit allen Erscheinungsformen dieser Energie gleich liebevoll umgehen kann, daß Sie mit Geld herrliche Dinge für sich und andere machen können, daß Kraft Ihnen selbst und anderen helfen kann und daß es auch bedingungslose Liebe geben kann. Noch eine Übereinstimmung dieser so verschiedenen Manifestationen derselben Energie ist die Tatsache, daß sie alle erst wirken, wenn »die Energie fließt«. Genauso wie Elektrizität erst dann etwas bedeutet, wenn Sie den Stecker in die Dose stecken, wenn die Energie durch eine Maschine fließen kann und sie dadurch in Gang setzt, so wirkt Geld erst dann für sie, wenn es fließt, Kraft erst dann, wenn sie fließt, und für die Liebe gilt das auch. Sie können zwar versuchen, diese Erscheinungsformen zu horten, aus Angst davor, daß noch ein paar magere Jahre kommen könnten, in denen Ihnen nichts zufließt und Sie dann noch einen Apfel haben gegen den Durst – es funktioniert nicht. Es funktioniert nur, wenn Sie sie *jetzt* fließen lassen. Wenn wir die Übung mit Kraft, Geld und Liebe in einer Gruppe machen, fällt auf, daß es immer Menschen gibt, die an das Empfangen von Energie denken, andere denken an den Besitz und wieder andere an das Ausgeben (Zu welcher Gruppe gehören Sie?).

Fließen lassen klappt jedoch nicht, wenn entweder das Empfangen, das Besitzen oder das Ausgeben fehlt.

Geld für Behandlungen

Es ist herrlich, wenn Sie das Geschenk, das Reiki ja darstellt, mit anderen teilen können, indem Sie sie behandeln, ohne Geld dafür zu nehmen. Gewiß leisten Ihnen am Anfang, wenn Sie 90 Tage lang täglich Reiki üben, diejenigen, die Sie behandeln, letztendlich einen Dienst. Auch im eigenen Kreis ist es schöner, eine Behandlung als Geschenk zu geben. Wenn Sie jedoch anfangen, Fremde zu behandeln, ändert sich die Situation, und es ist meistens besser, eine Vergütung zu verlangen. Verlangen Sie kein Geld für Reiki, verlangen Sie Geld für die Zeit, die Sie dem anderen widmen. Für viele ist es das Normalste der Welt, andere haben entsetzliche Schwierigkeiten damit, Geld für Ihre Zeit zu verlangen. Manche, die es vorziehen, andere gratis zu behandeln, wollen nicht mit Geld bezahlt werden, sondern mit Dankbarkeit, Respekt oder Liebe. Und so entsteht zwischen Ihnen und den Behandelten eine gegenseitige Abhängigkeitsbeziehung: Der eine ist von kostenlosen Behandlungen abhängig, der andere von Dankbarkeit. Abhängigkeit führt jedoch leider niemals zu Dankbarkeit, sondern fast immer zu gegenseitigem Groll. Andere, die Schwierigkeiten damit haben, Geld anzunehmen, halten sich oft nicht für wert, Geld zu bekommen. Vergessen Sie jedoch nicht, daß Sie, wenn Sie nicht nehmen können, auch nicht in der Lage sind zu geben. Es geht dabei auch darum, Verantwortung für sich zu übernehmen. Indem er für eine Behandlung bezahlt, übernimmt der Patient die Verantwortung für seine Heilung. Wenn er sich von Ihnen behandeln läßt, »weil Sie es so dringend brauchen«, übernimmt er keine Verantwortung. Unsere Erfahrung und die vieler anderer ist, daß Menschen, die kostenlos behandelt werden, öfter zu spät kommen, leichter absagen, Ihre Übungen zu Hause weniger gut ausführen, den Behandelnden und Reiki weniger ernst nehmen und langsamer genesen als diejenigen, die für ihre Behandlungen normal bezahlen.

Ein Beispiel für diese falsche Auffassung von Geld: Vor einiger Zeit wurden wir von einer Frau angerufen, die uns, ohne ihren Namen zu nennen, bat, ihr täglich Fernbehandlungen zu schicken. Sie wollte nicht zu einem ersten Gespräch und einer normalen Behandlung vorbeikommen. Sie wollte nicht erzählen, was mit ihr los ist. Sie wollte keinen Kurs besuchen, der sie in die Lage versetzt hätte, sich selbst zu behandeln. Sie verlangte kostenlose Behandlungen, weil es sich ja immerhin um universelle Lebensenergie handle, worauf nun einmal jeder ein Anrecht hätte. Sie erzählte, daß sie schon jemand anders gefunden hätte, der ihr täglich eine Fernbehandlung schicke, aber sie war verärgert und unzufrieden darüber, daß diese Person sie täglich nur eine Viertelstunde behandeln wollte. Sie wollte auch Telefonnummern und Namen anderer Menschen haben, die sie um eine Behandlung bitten könnte. Als wir dann ein wenig Zeit brauchten, um eine Telefonnummer herauszufinden, nach der sie gezielt gefragt hatte, wurde sie unruhig und verlangte, wir sollten uns etwas beeilen, denn das Warten koste sie zuviel Zeit und Telefongeld.

Mit diesem Beispiel aus der Praxis wird auf jeden Fall deutlich, daß ein enger Zusammenhang besteht zwischen nicht zahlen wollen und keine Verantwortung für sich selbst übernehmen, nicht selbst etwas für seine eigene Gesundheit tun wollen, daß das Geben kostenloser Behandlungen zu Groll führen kann und daß die Tatsache, daß Reiki universell ist und folglich jedem zur Verfügung steht (indem er einen Kurs besucht), zu dem Mißverständnis führen kann, daß man von anderen etwas verlangen kann, was man sich selbst nicht geben will. Wenn Sie sich selbst ein wenig achten, wird es Sie wenig Anstrengung kosten, solchen schmarotzerischen Versuchen nicht nachzugeben.

Wenn Sie Schwierigkeiten damit haben, sich für eine Behandlung bezahlen zu lassen, dann schauen Sie sich einmal ehrlich Ihre Gefühle gegenüber den Menschen, die Sie behandeln, an. Sind Sie immer noch mit Freude dabei, oder haben Sie das Gefühl, daß etwas in der Beziehung nicht stimmt? Übrigens erleben wir oft, daß Menschen beim »Bezahlen« von Behandlungen sehr kreativ sind. Manchmal erledigt der Behandelte einen Auftrag oder erweist eine Gefälligkeit, strickt zum Beispiel einen Pullover, wischt den Boden des Behandelnden oder füllt sein Steuerformular aus. Meist geht das so vonstatten, daß der Behandelnde dem Patienten eine Stunde widmet und der Patient dann eine Stunde für ihn arbeitet.

Jetzt!

| Vergangenheit | Jetzt | Zukunft |

Sie können sich Ihre Lebensgeschichte als gerade horizontale Linie vorstellen. Der linke Abschnitt ist Ihre Vergangenheit, dann kommt ein Punkt, der das Jetzt darstellt, und rechts geht die Linie weiter. Worauf wir unsere Aufmerksamkeit lenken, dorthin schicken wir Lebensenergie. Viele Menschen richten ihre Aufmerksamkeit auf schmerzliche Ereignisse in der Vergangenheit oder darauf, was in der Zukunft alles schiefgehen kann. Selten ist unsere Aufmerksamkeit im Jetzt. Genauso selten geht unsere Lebensenergie in das Jetzt, obwohl das Jetzt doch der einzige Augenblick ist, in dem wir an allen Tagen unseres Lebens sind, in dem wir genießen, für uns selbst sorgen, wachsen, heilen, glücklich und so weiter sein können. Mit anderen Worten: Das Werden steht dem Sein im Weg. Man kann nicht glücklich *werden*. Wenn Sie Ihre Aufmerksamkeit darauf richten, glücklich zu *werden*, richten Sie Ihre Aufmerksamkeit auf alles, was erst noch geschehen muß, bevor Sie glücklich sein können, auf die Voraussetzungen. Indem Sie Ihre Aufmerksamkeit darauf richten, geben Sie Energie dorthin, und diese Energie läßt die Voraussetzungen immer größer werden. Indem Sie sagen: »Ich will glücklich werden«, sagen Sie in Wirklichkeit: »Ich bin jetzt nicht glücklich«, und das ist eine Behauptung, eine Aussage mit der Kraft, sich selbst zu verwirklichen.

Sie können sich auch entscheiden, JETZT (eine kurze Zeit) glücklich zu sein, völlig unabhängig von allen Vorbedingungen. Setzen Sie sich einfach hin, und versuchen Sie es fünf Minuten lang. – Und sehen Sie, es geht!

Eigenverantwortung

Wenn wir unglücklich oder krank sind, neigen wir dazu, die Verantwortung dafür jemand anders zu übertragen. Es macht keinen Unterschied, ob das unsere Erziehung ist, die Kirche, der Staat, der Kapitalismus, die dünne Ozonschicht, Farbstoffe in unserer Nahrung, unser Nachbar oder unser Partner.

Einerseits ist das recht angenehm, weil wir weiterhin von uns selbst glauben können, daß wir nicht schuld sind. Wir geben damit jedoch auch jede Möglichkeit zur Veränderung aus der Hand. Wir geben unsere Macht weg. Unsere Vergangenheit und die Menschen um uns herum können wir nicht verändern, uns selbst jedoch schon.

Im Rahmen einer Untersuchung wurde einmal einer Gruppe von Gefängnisinsassen ein Film über Menschen bei einem Schaufensterbummel gezeigt. Die Häftlinge sollten angeben, welche der gezeigten Menschen sie bevorzugt berauben würden. Sie suchten alle die gleichen heraus. Es gibt also so etwas wie ein typisches Opferverhalten. Es gibt Menschen, die völlig unbewußt eine einladende Wehrlosigkeit ausstrahlen. Das ist kein Grund, Täter von ihrer Schuld freizusprechen. Sie sind für ihre Taten voll und ganz verantwortlich. Es ist auch nicht realistisch, jemandem zu sagen: »Du bist beraubt worden, und das ist deine eigene Schuld.« Es geht darum, sich klarzumachen, daß man durch die Art und Weise, wie man über sich selbst denkt, andere anzieht, die genauso über einen denken, beziehungsweise andere dazu auffordert, genauso über einen zu denken. Die Welt können wir unmöglich verändern, die Art und Weise, wie wir über uns denken, glücklicherweise schon. In seinem Buch *Anleitung zum Unglücklichsein* beschreibt Paul Watzlawick auf humorvolle Weise ein Dutzend Möglichkeiten, wie wir uns unglücklich machen und wie wir andere dazu benutzen können. Das Schöne an diesem Buch ist, daß wir uns darin auf eine Weise wiederfinden können, die es uns ermöglicht, über unsere Unbeholfenheit zu lachen; es ist alles nicht so tragisch. Und sobald wir durchschauen, auf welche Weise wir etwas tun, können wir uns auch entscheiden, es anders zu machen.

Lassen Sie Ihre Gefühle heraus

Wir sind fast alle mit der Vorstellung aufgewachsen, daß bestimmte Gefühle sich nicht »gehören«. Mädchen dürfen keine Wut zeigen, Jungen keinen Kummer und so weiter. Wenn wir dann auf dem Wege zu mehr Spiritualität sind, zu einer wachsenden Verantwortlichkeit für unsere Gesundheit und unsere Stimmung, besteht die Gefahr, daß wir es uns wirklich schwermachen, weil wir meinen, daß wir – wenn kein anderer mehr schuld ist – auch nicht mehr böse oder traurig sein dürfen. Ein Gefühl ist jedoch weder gut noch schlecht, es ist. Wenn Sie von »negativen« Gefühlen sprechen, beinhaltet das bereits eine Verurteilung, die es schwierig macht, das Gefühl zu äußern. Auch wenn Sie Ihrer Umgebung das Gefühl nicht mitteilen, so strahlen Sie es doch aus, der andere weiß es vielleicht nicht, fühlt es aber deutlich. Wenn Sie Ihre Gefühle verurteilen und deswegen nicht äußern, errichten Sie damit eine energetische Mauer zwischen sich und der restlichen Welt. Darüber hinaus hat ein Gefühl, das nicht herausgelassen wird, die Tendenz, immer mehr Spannung aufzubauen, bis die Bombe platzt. In dem Moment können Sie nicht mehr entscheiden, wie das Gefühl zum Vorschein kommt. In einem früheren Stadium haben Sie diese Wahl jedoch. Die Explosion kann sich gegen Ihre Umgebung richten und jemand anders oder Ihrer Beziehung zu jemand anders schaden. Vernichtende Kritik mit dem Ziel, den anderen abzuwerten, ist ein Beispiel dafür. Die Explosion kann sich auch nach innen richten und Ihnen selbst schaden. Ärger über jemand anders, den Sie nicht äußern können und der nach innen gerichtet wird, kann sich körperlich niederschlagen oder zu Depressionen und innerem Absterben führen. Manche Menschen können ihre Gefühle so geschickt kontrollieren, daß sie sie ständig im Zaum halten. Das Gefühl bleibt jedoch im verborgenen bestehen und will heraus. Der Kampf mit dem Gefühl, das herauskommen will, kostet Energie. Wenn Sie eine Zeitlang depressiv sind und sich völlig erschöpft fühlen, sollten Sie sich fragen, ob Sie in der letzten Zeit nicht damit beschäftigt waren, ein Gefühl zu unterdrücken.

Wenn Sie Ihre eigenen »negativen« Gefühle nicht sehen und akzeptieren wollen und sie unterdrücken, kann das im schlimmsten Fall zu seltsamen und beängstigenden Erfahrungen führen. Es kam einmal eine Frau zu uns, die davon überzeugt war, besessen zu sein. Es säße ein Dämon in ihr, ein Monster, das an ihr nage und sie vernichten wolle. Sie konnte das Monster deutlich sehen und fühlen. Sie war verängstigt, sehr angespannt und hatte sehr viele Schmerzen. Das Monster – so erzählte sie – sei ihr von einer übelwollenden okkulten Sekte, die sie einmal kennengelernt hatte, geschickt worden. Diese Person war ein unglaublich liebenswürdiger Mensch, stand den Menschen ihrer Umgebung immer zur Verfügung und konnte sich überhaupt nicht vorstellen, jemals böse zu denken oder zu handeln. Indem sie sich ihre eigene Boshaftigkeit nicht vorstellen und sie auch nicht annehmen konnte, wies sie ihr einen Platz gewissermaßen außerhalb von sich zu. (»Es hat nichts mit mir zu tun, und es wurde mir auch noch von anderen geschickt.«) Sie wollte, daß dieser Dämon ausgetrieben, verjagt wird. Was sie jedoch lernte, war, daß sie dem Monster Liebe senden konnte – mit dem zweiten Reiki-Grad geht das ganz einfach –, daß es dadurch zusammenschrumpfte, nicht mehr bedrohlich war und sogar einen eher kläglichen Eindruck machte. Nach kurzer Zeit war das Monster verschwunden. Weil sie in diesem Zusammenhang gelernt hatte, daß Ärger ein Gefühl ist, das auch sie haben und das sie anderen auch zeigen darf, brauchte sie nicht mehr zu befürchten, jemals wieder „Monster im Keller« zu zeugen. Also ein Gefühl erst annehmen und dann herauslassen!

Es ist jedoch furchtbar schwierig, dem anderen zu zeigen: »Ich bin verärgert«, ohne dabei gleichzeitig den Eindruck zu vermitteln: »... und das ist deine Schuld!« In ihrem Buch *Was Liebe vermag – eine bessere Partnerschaft führen* nennt Sondra Ray ein herrliches Beispiel dafür, wie es auch sein kann. Sie sitzt in ihrem Zimmer und schreibt, ihre Kinder spielen im gleichen Raum und sind lebhaft und laut. Ihre Arbeit kommt nicht gut voran, und sie regt sich über den Lärm auf. Sie weiß allerdings, daß nicht ihre Kinder dafür verantwortlich sind, daß sie aufgeregt ist, sondern sie selbst. Darum brüllt sie nicht ihre Kinder an, sie sollen sich ruhig verhalten, sondern setzt sich mit dem Gesicht zur Wand und schreit ihre Frustration hinaus. Was geschieht ist, daß sie von ihrer Frustration befreit ist, ohne daß ihre Kinder sich angegriffen fühlen. Die kommen überrascht zu ihr, streicheln ihr über den Kopf und fragen: »Mama, was ist denn los?« Anschließend ist ihre Anspannung weg, sie kann wieder gut arbeiten, und die Kinder, die so lebhaft waren, weil sie ihre Anspannung übernommen hatten, können wieder ruhig spielen. Eine andere Methode, mit Ihren Gefühlen umzugehen, ist folgende: Stellen Sie zwei Stühle auf, setzen Sie sich auf den einen, während Sie sich vorstellen, daß auf dem anderen Stuhl derjenige sitzt, den Sie für die Ursache dieses Gefühls halten. Beschreiben Sie dem anderen Ihre Gefühle. Setzen Sie sich dann auf den anderen Stuhl, und reagieren Sie, wie Sie denken, daß der andere auf Ihr Großreinemachen reagieren wird. Wechseln Sie dann wieder den Stuhl, und machen Sie weiter. Versuchen Sie zu fühlen, wie unterschiedlich es dem anderen ergeht, je nachdem ob Sie sagen: »Ich hasse dich, weil ...« oder »Ich hasse es, wenn ...«. Machen Sie diese Übung nur, wenn eine vertraute Person dabei ist, die Ihnen Rückhalt geben kann.

Kapitel 4:

Der zweite Reiki-Grad

Bislang wurden vor allem die Möglichkeiten des ersten Reiki-Grades beschrieben, und es wurde erläutert, was man von einem Kurs des ersten Grades erwarten kann. Jetzt kommen wir ausführlicher auf den zweiten Grad zu sprechen.

Im Kurs für den zweiten Reiki-Grad sind wir sehr intensiv mit dem persönlichen Prozeß des Kursteilnehmers beschäftigt. Im folgenden versuchen wir, die Erfahrungen wiederzugeben, die wir zusammen mit unseren Kursteilnehmern gemacht haben. Jedesmal wenn jemand lernt, wie der zweite Grad eingesetzt werden kann, um mögliche Hindernisse oder Blockaden aufzuheben und loszulassen und Teile von sich, die keinen Kontakt mehr miteinander hatten, zu verbinden, lernen auch wir neue Möglichkeiten, uns zu heilen und mit uns selbst wieder in Einklang zu sein. Auch die Erfahrungen von Kursteilnehmern, die bei späteren Treffen untereinander ausgetauscht wurden, ergaben einen Schatz an Informationen, den wir gern an unsere Leser weitergeben. Ein kleines Buch kann jedoch niemals die eigene Erfahrung ersetzen. Weil wir alle einzigartig sind, unterscheiden sich auch die Prozesse, die in uns in Gang gesetzt werden, von Mensch zu Mensch. Ein Buch mit den Erfahrungen anderer kann Ihnen allerdings eine Vorstellung davon geben, was Sie alles mit dem zweiten Grad machen können. Der Kurs selbst ist ein ausgezeichneter Einstieg. Danach werden Sie feststellen, daß Sie am meisten lernen, wenn Sie aktiv anfangen, damit zu arbeiten.

Mit dem zweiten Grad haben Sie eine Methode zur Verfügung, mit der Sie auf äußerst einfache, freundliche und wirksame Weise alles, was Ihrer Gesundheit, Ihrem inneren Frieden, Ihrem Glück im Wege steht, begreifen und transformieren und/oder annehmen können. Durch die Arbeit mit dem zweiten Grad nimmt Ihre Abhängigkeit ab und Ihre innere Weisheit zu. Großmeisterin Takata sagte des öfteren, wenn Kursteilnehmer ihr Fragen stellten: »Lassen Sie es sich von Reiki zeigen.« Kurz, fangen Sie damit an, dann kommt die Antwort von selbst. Und tatsächlich: Wenn ein Guru oder Lehrer Ihnen Fragen beantwortet, sind es seine oder ihre Antworten, ist es seine oder ihre Weisheit. Wenn Sie die Fragen mit Reiki angehen, gibt Ihnen Ihre innere Weisheit die eigene Antwort. Jeder hat tief im Innern einen Lehrer, jemanden, der alle Antworten kennt. Durch die regelmäßige Anwendung von Reiki kann der Lehrer immer mehr in Erscheinung treten und Sie immer mehr damit in Kontakt bringen, wer Sie wirklich sind und was Sie können. Die Entscheidung für Reiki ist eine Entscheidung zur Selbstheilung. Je mehr Sie es einsetzen, desto mehr macht es mit Ihnen.

Wir schließen Bekanntschaft mit dem zweiten Grad

Arie Luijerink: Als ich mit dem ersten Grad zu arbeiten begann, war ich davon überzeugt, daß ich den zweiten Grad niemals machen würde. Ich wußte über den zweiten Grad, daß ich über mehr Kraft verfügen, auch auf Distanz behandeln und dabei Symbole benutzen würde. Unter der Arbeit mit Symbolen konnte ich mir zum damaligen Zeitpunkt nichts vorstellen. Ich lebte damals noch in einer schönen rationalen Welt und war überzeugt davon, daß alles, was es wirklich gibt, auch erklärt werden kann. Daß es nach Auflösung von Blockaden in den Energiebahnen möglich sein sollte, durch Handauflegen wieder universelle Lebensenergie weiterzuleiten, war meines Erachtens verständlich. Dafür, daß man durch Zeichnen von Symbolen in die Luft Dinge auslösen können sollte, hatte ich nicht das geringste Verständnis. Ein zweiter Vorbehalt richtete sich gegen die Fernbehandlung. Gerade eine normale Reiki-Behandlung, den intensiven Kontakt mit dem Behandelten, die Ergebnisse und die Bestätigung, die ich dadurch bekam, habe ich genossen. Es schien, daß ich auf all das verzichten müßte, wenn ich mit Fernbehandlungen anfinge. Und trotz der außerordentlichen Wirkung, die die Einweihung in den ersten Grad auf mich gehabt hatte, fand ich es merkwürdig, so viel Geld für einen derart kurzen Kurs ausgeben zu müssen, von dem ich zudem im voraus nicht wußte, was er mir bringen würde. Ausschlaggebend war schließlich die Erwartung, daß es viel zu meinem persönlichen Wachstum beitragen würde, mir den zweiten Kurs zu schenken. Es erwies sich als eines der schönsten Geschenke, die ich mir jemals gemacht habe.

Marian van Staveren: Der erste Reiki-Grad war für mich ein ganz besonderes Erlebnis. Er veränderte etwas in mir drin, ich war berührt, hatte das Gefühl, ich sei wieder bei mir angekommen. Das konnte ich nicht in Worte fassen, hatte danach aber auch kein großes Verlangen. Ich bestimmte das Tempo der Annäherung an Reiki selbst. Damals wußte ich zwar, daß es noch einen zweiten Grad gab, aber der stand für mich nicht zur Debatte. Ich hatte nicht das geringste Bedürfnis, es ging ja so auch gut. Im Laufe der Zeit wurde ich jedoch immer häufiger mit dem zweiten Grad konfrontiert; ich hörte mehr darüber. Und je mehr ich darüber hörte, desto mehr nahm meine Entrüstung, aber auch meine Angst zu. Ich war empört über den Preis; 1200 Gulden (1985) war für mich viel Geld. Ich konnte mir keinen einzigen Kurs vorstellen, der so kurz ist und soviel wert sein könnte. Ich kam zu dem Schluß: Schwindel, Bauernfängerei. Meine Angst hing mit den Symbolen zusammen. Daß ich Energie durch mich fließen lassen konnte, war für mich logisch und natürlich, aber daß Symbole dabei verwendet werden sollten, rief enorme Widerstände hervor. Ich wollte nichts einsetzen, was ich nicht begreifen konnte. Es dauerte einige Jahre, bevor die Angst verschwand und ich für mich akzeptieren konnte, daß die Reiki-Symbole die gleiche Wirkung haben wie Reiki selbst, daß man damit nicht manipulieren kann, denn das war das letzte, was ich anderen oder mir antun wollte. Als die Angst einmal überwunden war, zeigte sich, daß mein Widerstand gegen den Preis wie Schnee in der Sonne schmolz. Ich wollte so schnell wie möglich meinen zweiten Grad machen. Das erwies sich als eine der besten Entscheidungen, die ich jemals getroffen habe. Es ist eine ungeheure Hilfe für mich, für meine Entwicklung, und es ist herrlich, daß ich anderen helfen kann, wenn sie es brauchen, auch wenn ich nicht bei ihnen bin. Während ich anfangs den Betrag viel zu hoch fand, empfinde ich den zweiten Reiki-Grad jetzt jeden Tag als ein unbezahlbares Geschenk.

Was ist der zweite Grad, und was können Sie damit machen?

Der zweite Reiki-Grad ist eine Erweiterung dessen, was Sie mit dem ersten Grad erhalten haben. Im Kurs für den ersten Grad haben Sie gelernt, wie Sie sich selbst, anderen Menschen, Tieren und Pflanzen Reiki geben können, indem Sie einfach die Hände auflegen. Um die Energie, die wir Reiki nennen, durch sich hindurchfließen lassen zu können, haben Sie während des ersten Reiki-Kurses vier Einweihungen erhalten.

Sie haben erfahren, daß Reiki bedingungslose Liebe ist und immer macht, was für den Empfänger das Wichtigste ist. Und Sie haben gelernt, daß Sie der Kanal für diese Energie sind. Daß nicht Sie etwas bewirken, sondern daß Reiki es durch Sie tut.

Für den zweiten Grad bekommen Sie eine Einweihung. Bei dieser Einweihung werden die Kanäle geöffnet, die notwendig sind, um mit der kraftvollen Energie, die durch die Symbole hervorgerufen wird, umgehen zu können. Mit der Einweihung in den zweiten Grad nimmt die Energiemenge, mit der Sie umgehen können, zu. Der Fluß wird viermal so stark. Das ist auch der Grund, weshalb wir für die Einweihung in den zweiten Grad viermal soviel Energie in Form von Geld oder Arbeit austauschen wie für die Einweihung in den ersten Grad.

Um Reiki auch in die Ferne senden zu können, erhalten Sie drei Symbole und ihre Namen zu Ihrer Verfügung; diese lernen Sie auswendig.

Mit Hilfe der Symbole können Sie Kontakt zu demjenigen aufnehmen, den Sie behandeln wollen, und Sie können mehr auf der mentalen Ebene arbeiten.

Sie können Nichtanwesenden Fernbehandlungen geben. Außerdem wird es möglich, sowohl Menschen aus Ihrer Vergangenheit als auch vergangenen und zukünftigen Ereignissen Reiki zu schicken. Und es ist jetzt möglich, Stellen, an die Sie mit Ihren Händen nicht kommen, z. B. Ihrem Rücken, eine Fernbehandlung zu geben. Besonders für Ihr eigenes Wachstum und Ihre Entwicklung bietet der zweite Reiki-Grad nahezu unbegrenzte Möglichkeiten. Aber es ist natürlich auch ein ganz besonderer und beruhigender Gedanke, jemanden, den Sie lieben, der aber weit weg ist, mit Reiki dennoch zu erreichen, ihn oder sie mit dieser Energie unterstützen zu können, wenn dies nötig ist.

Die Art und Weise, auf die Sie andere und sich mit dem zweiten Grad behandeln können, wird in den nächsten Kapiteln ausführlicher beschrieben.

Bereits beim ersten Grad haben Sie das Wesentliche über Reiki erfahren, bedingungslose Liebe. Sie bewirkt, was für den Empfänger gerade am Wichtigsten ist. Auch mit Fernbehandlungen ist es nicht möglich zu manipulieren, weder zum Guten noch zum Schlechten. Reiki wirkt auf die Selbstheilungskräfte des Empfängers und hilft auf diese Weise der Person, ihre Probleme oder Beschwerden selbst zu bearbeiten, zu transformieren und zu akzeptieren.

Obwohl wir viele Berichte über Krankheiten und Beschwerden bekommen haben, die mit Hilfe von Reiki zurückgingen oder verschwanden, kommt es nicht immer zu diesem Ergebnis. Manchmal verschwindet die Krankheit nicht, aber Reiki hilft, die Krankheit anzunehmen. Auch für die Arbeit mit dem zweiten Grad gilt, daß Sie Reiki benutzen, wofür Sie möchten. Sie sind nicht verpflichtet, alles und jeden zu behandeln. Reiki darf, aber muß nicht sein.

Die heutige Reiki-Großmeisterin, Phyllis Lei Furumoto, hat einmal über Dr. Usui, den Wiederentdecker und ersten Großmeister von Reiki, gesagt: »Ich glaube nicht, daß Dr. Usui das Bedürfnis hatte, sich zu beweisen, berühmt oder respektiert zu werden. Nein, er fand es schön, mit Menschen zusammenzusein, sie zu berühren, für sie da zu sein.« Wenn Sie Reiki anwenden – sei es an anderen, sei es an sich –, versuchen Sie es einmal in diesem Sinne, vom Standpunkt der freundlichen Anwesenheit, denn das ist Reiki: bedingungslose Liebe.

Wann sind Sie für den zweiten Grad bereit?

Wenn Sie 90 Tage lang mit dem gearbeitet haben, was Sie im Kurs für den ersten Grad empfangen haben, sind Sie in der Lage, den Kurs für den zweiten Grad zu absolvieren. Die 90 Tage sind notwendig, damit die Veränderungen, die der erste Grad bei Ihnen in Gang gesetzt hat, verarbeitet werden können und ein neues Gleichgewicht in Ihnen entsteht. Mit 90 Tagen Arbeiten meinen wir, sich selbst, andere Menschen, Pflanzen oder Tiere behandeln.

Indem Sie die universelle Lebensenergie, die wir Reiki nennen, jeden Tag fließen lassen, reinigen Sie sich auf sehr nachhaltige Weise, so daß Sie für die starke Energie des zweiten Grades offen sind. Sie sind bereit für den nächsten Schritt. Menschen, die nach dem ersten Grad einen intensiven emotionalen oder körperlichen Reinigungsprozeß durchgemacht haben, werden der möglichen Reinigung, die der zweite Grad mit sich bringt, mit einiger Angst entgegensehen. Denken Sie jedoch daran, daß das, was Sie bereits aus dem Weg räumen konnten, nun nicht mehr wiederkehren wird. Außerdem haben Sie mit dem zweiten Grad ein hervorragendes Instrument an der Hand, um mit den Gefühlen, die hochkommen, unmittelbar und positiv umzugehen. Machen Sie sich auch keine Sorgen darüber, ob Sie überhaupt gut genug dafür sind, ob Sie es wert sind: Auch wenn Menschen sich selbst bewerten, Reiki tut es nicht. Wenn Sie es von Herzen wollen und Sie drei Monate mit dem ersten Grad gearbeitet haben, sind Sie bereit! Sie brauchen sich jedoch nicht zu beeilen, Hast führt selten zu guten Ergebnissen. Wenn Sie es eilig haben, versuchen Sie die Ursache für die Eile ausfindig zu machen. Hast entsteht oft aus Unsicherheit, aus dem Gefühl heraus, daß man in diesem Moment noch nicht genügt, daß man mehr können sollte. Darum geht es jedoch nicht.

Den ersten Grad zu besitzen ist etwas Phantastisches, Sie können viel damit machen, sowohl für sich als auch für andere. Viele sind deshalb mit dem ersten Grad auch vollkommen zufrieden und haben nicht das geringste Bedürfnis, den zweiten Grad zu erlangen, und das ist gut so. Das Gefühl, das alles reiche noch nicht aus, würde der Freude und der Erfahrung von der Größe und dem Reichtum des ersten Grades nur im Wege stehen.

Der erste Reiki-Grad ist in sich geschlossen. Was Sie im ersten Grad gelernt haben, können Sie gut in die Praxis umsetzen, Sie können sich, andere Menschen, Tiere und Pflanzen behandeln.

Die Symbole

Im Kurs für den zweiten Grad bekommen Sie drei Symbole, mit denen Sie zu arbeiten lernen. Diese Symbole sind von Dr. Mikao Usui (wieder)entdeckt und über seine Nachfolger Dr. Chujiro Hayashi und Frau Hawayo Takata an Phyllis Lei Furumoto, die heutige Großmeisterin, übergeben worden. Diese Symbole sind ein Geschenk des Universums. Obwohl sie von Dr. Usui in der alten Handschrift eines Buddha-Anhängers entdeckt wurden, stehen die Symbole und ihre Namen in keiner Beziehung zu einer bekannten Sprache. Es ist deshalb nicht möglich, den Inhalt der Symbole aufgrund der Kenntnis einer alten oder neuen Sprache zu entschleiern.

So wie mein Computer das Instrument ist, mit dem ich dieses Buch schreibe, so wirken die Symbole als Instrument, um den Energiepegel des zweiten Grades aufzurufen, auszurichten und zu verstärken. Man benutzt die Symbole, damit »Es« geschehen kann. Und da hinkt dann der Vergleich. Wenn ich an meinem Computer sitze, bin ich es, der die Arbeit tun muß. Wenn ich jedoch mit dem zweiten Grad arbeite, muß ich nur die Symbole benutzen, und es geschieht. Ich selbst brauche mich dafür nicht anzustrengen. Jedes Symbol hat seine eigene Energie. Sobald es gezeichnet wird, geschieht etwas, etwas fängt an zu wirken, worauf unser Ego keinen weiteren Einfluß hat. Das ist auch der Grund, weshalb man die Symbole niemals auf Papier stehenläßt. Wenn wir sie auf Papier gezeichnet haben, um zu üben, werden sie anschließend verbrannt. Solange sie dort stehen, wirken sie. Sollten Sie sie nicht verbrennen, entsteht ein Leck, Energie fließt aus. Eine Behandlung beginnt immer mit dem Zeichnen der Symbole. Die Energien, die mit Hilfe der Symbole aktiviert werden, sind dermaßen stark, daß sie nur von jemandem benutzt werden können, der in den Umgang mit diesen Energien eingeweiht ist. Die Symbole sind geheim; ein Reiki-Meister gibt die Symbole nur an jemanden weiter, der sich entschieden hat, den zweiten Grad zu machen. Jemand, der nicht in den zweiten Grad eingeweiht ist, kann die Symbole nicht einsetzen. Wir sollten respektvoll mit diesen Symbolen umgehen.

Es sind »geweihte« Symbole. Der Respekt, den wir ihnen zollen, äußert sich unter anderem darin, daß wir nicht versuchen, sie zu verändern oder zu verschönern. Sie sind, wie sie sind. Und sie haben ihre eigene besondere Wirkung nur dann, wenn sie nicht verändert werden.

Die Symbole sind immer und überall die gleichen. Sie sind nicht persönlich; jeder, der den zweiten Grad macht, erhält die gleichen Symbole. Manchmal ergibt sich nach einiger Zeit der Arbeit mit diesen Symbolen eine kleine Veränderung, weil jeder einzigartig ist und seinen eigenen Stil hat. Man zeichnet auch die Symbole in seinem eigenen Stil. Wenn Sie zweifeln, ob Ihre Symbole noch die richtigen sind, sollten Sie sich am besten mit dem Reiki-Meister besprechen, der Sie in den zweiten Grad eingeweiht hat. Wenn Sie die Symbole, wie Sie sie zeichnen, mit denen von jemand anders vergleichen, der auch den zweiten Grad absolviert hat, stellt sich oft heraus, daß zwei unterschiedliche Handschriften nebeneinander liegen. Derjenige, der am schnellsten an sich zweifelt, wird dazu neigen, die Handschrift des anderen zu übernehmen.

Die Symbole haben auch ihren eigenen »Schutz«. Es ist im Laufe der Zeit immer wieder vorgekommen, daß Menschen vergeblich versucht haben, diese kräftigen Instrumente zu mißbrauchen, um zum Beispiel Macht über andere auszuüben, zu manipulieren. Diese Menschen haben festgestellt, daß Reiki dann aufhört zu fließen. Wenn man weiterhin versucht, zu manipulieren und Macht auszuüben, kann es sogar passieren, daß man nach einiger Zeit die Symbole nicht mehr richtig zeichnen kann.

Mit dem zweiten Grad behandeln

Mit einem der Symbole, die Sie empfangen, schaffen Sie den Kontakt zwischen der Energiequelle in Ihnen – dem Teil von Ihnen, der Ihr Ego übersteigt – und demjenigen, dem Sie Reiki schicken wollen. Ein anderes Symbol bezieht sich auf geistige Heilung, es wirkt auf Ihre Denkmuster, ihre Gefühle sowie auf den bewußten, unbewußten und unterbewußten Teil Ihrer Persönlichkeit ein. Es trägt zur Heilung von schmerzvollen, oft verdrängten Gefühlen bei, von behindernden Denkmustern, die oft auch Ursache für körperliche Beschwerden sind. Das dritte Symbol dient der Stärkung, der Kräftigung. Die Symbole fangen an zu wirken, wenn Sie sie in der richtigen Reihenfolge in die Luft zeichnen und ihre Namen aussprechen. Dabei sind also Ihr Kopf, Ihre Hand und Ihr Herz mit einbezogen. Zuerst entscheiden Sie, wem oder was Sie Reiki schicken wollen. Dann zeichnen Sie die Symbole und sprechen ihre Namen aus. Dadurch wird der Strom der universellen Lebensenergie gelenkt, und Sie können ihn 15 bis 20 Minuten lang senden. Es ist nicht nötig, daß Sie sich die Person dabei ständig vorstellen oder ein Foto von ihr haben, Sie können auch jemand völlig Unbekannten wirksam behandeln, von dem Sie nur Namen und Adresse kennen. Es ist jedoch wichtig, daß Sie während der Behandlung mit Ihrer Aufmerksamkeit bei demjenigen bleiben, dem Sie Reiki schicken. Wenn man beginnt, fühlt man die Energie meist sofort fließen; manchmal dauert es ein wenig, bevor man sie spürt. Nach einer Viertelstunde oder 20 Minuten beenden Sie die Behandlung, indem Sie sich bedanken und Ihre Hände aufeinanderlegen. Sie danken damit dem Universum für die Lebensenergie, sich selbst für die Bemühung, eine Viertelstunde lang Energie weitergeleitet zu haben, und dem Empfänger für seine Aufnahmebereitschaft.

Außer für die Fernbehandlung können wir das Kräftigungssymbol und das Symbol für geistige Heilung auch anwenden, um eine »normale« Behandlung zu intensivieren und gezielter auf mentale Genesung auszurichten. Das machen wir jedoch nur, wenn es nötig ist, also nicht in allen Fällen.

Es ist nicht nötig oder wünschenswert, die drei Symbole bei einer normalen Kontaktbehandlung einzusetzen. Das erste Symbol stellt zum Beispiel Kontakt her. Dies ist bei einer Kontaktbehandlung überflüssig, weil wir ja schon durch das Händeauflegen Kontakt haben. Die Tendenz, die Symbole auch bei normalen Behandlungen immer einzusetzen, ergibt sich meistens aus einer Unsicherheit, aus dem Gefühl heraus, mehr tun zu müssen; also aus der Angst heraus, nicht zu genügen. Wir sollten dann lieber diese Angst bei uns selbst behandeln. Wir setzen die Symbole nur für das ein, wofür sie gedacht sind, und erweisen ihnen auch auf diese Weise unseren Respekt.

Die Haltung während der Behandlung

Sie arbeiten am angenehmsten, wenn Sie körperlich und geistig entspannt sind. Richten Sie Ihre Aufmerksamkeit ganz auf das, was Sie gerade tun: jemandem Reiki schicken. Am Anfang der Behandlungen ist es vielleicht etwas schwierig, Ihre Konzentration auf eine Person gerichtet zu halten. Unser Geist neigt dazu umherzuwandern, so daß es vorkommen kann, daß wir in einem Augenblick noch bei demjenigen sind, dem wir Reiki schicken, im nächsten Augenblick aber schon bei den Einkäufen, die wir noch machen müssen, den Hausaufgaben der Kinder oder dem Hund, der noch ausgeführt werden muß. Man kann sich wohl unter großer Anstrengung intensiv konzentrieren, aber das ist ziemlich ermüdend und wenig sinnvoll. Wenn Sie merken, daß Sie in Gedanken abschweifen, können Sie das auch freundlich akzeptieren und dann Ihre Konzentration wieder zu der Person oder der Situation zurückbringen, die Sie im Moment behandeln. Es ist dabei hilfreich, den Namen desjenigen, dem man Reiki schickt, regelmäßig leise zu wiederholen. Sollten Sie während einer Behandlung feststellen, daß Sie längere Zeit mit Ihrer Aufmerksamkeit abwesend waren, dann sollten Sie vielleicht pausieren und kurze Zeit später wieder neu beginnen. Die erste Vorgehensweise ist nichts anderes als ein anstrengender Kampf mit unserem unsteten Geist, die zweite ist freundlich und mühelos. Wenn Sie bei der Arbeit mit dem zweiten Grad so freundlich und entspannt wie möglich mit sich umgehen, sorgen Sie auf eine ganz natürliche und schnelle Art und Weise dafür, daß es immer normaler, immer einfacher wird, Ihre Aufmerksamkeit gerichtet zu halten. Eines Tages werden Sie dann feststellen, daß Sie, während Sie Reiki senden, mühelos alles, was nichts damit zu tun hat, loslassen (Gedanken, Sorgen, Ängste, Leidenschaften, Sehnsüchte usw.) und einen Zustand geistiger Leere erreichen, in der die Verwirklichung unseres eigentlichen Wesens stattfinden kann.

Mit Ihrer inneren Einstellung hängt auch folgendes Problem zusammen: Sie tun etwas, das jenseits Ihres Ego liegt. Wenn wir Fremden Reiki schicken, haben wir meistens weniger Schwierigkeiten damit, aber bei Bekannten ist es oft so, daß wir um so mehr erwarten, je näher Sie uns stehen (»Ich will, daß du dich veränderst, weil ich nicht ansehen kann, wie du leidest; ich will, daß du dich veränderst, weil das für mich angenehmer ist; ich will, daß du mich respektierst; ich will, daß du mich magst; ich will, ich will«). Ihre eigenen Wünsche, Erwartungen, Sehnsüchte haben dabei nichts zu suchen. Auch läßt sich Reiki nicht mit einem Auftrag verbinden: »Ich schicke dir Reiki, damit du ruhiger wirst und ...«

Dies ist trotz aller guten Absichten ein Manipulationsversuch, und damit unterbrechen Sie den Strom der Lebensenergie. Senden Sie dem anderen eine Viertelstunde lang Reiki, und Reiki wird dem anderen geben, was für den anderen gut ist, auch wenn das von dem, was Sie vor Augen haben, völlig abweicht. Aber es soll ja auch dem anderen dienen, nicht Ihnen. Natürlich ist es herrlich, durch schnelle, gute Ergebnisse bestätigt zu werden, die werden Sie auch in Hülle und Fülle erzielen. Aber lassen Sie in dieser Viertelstunde von Ihren Vorstellungen darüber ab, was ein gutes Resultat wäre. Reiki ist bedingungslose Liebe. Fangen Sie nicht an, Ihre Bedingungen daran zu knüpfen, denn diese Bedingungen verhindern die Weitergabe der universellen Lebensenergie. Wir versuchen, in keinerlei Weise in den Prozeß des anderen einzugreifen, sondern respektieren ihn. Wir versuchen auch nicht, ihm unseren Willen aufzuzwingen. Sollten Sie sich dabei ertappen, daß Sie Ihre Bedingungen an Reiki knüpfen, ist es vielleicht am besten, kurz aufzuhören und sich selbst eine Behandlung zu geben, um dieses Problem zu lösen.

Es ist übrigens glücklicherweise nicht so, daß man erst vollkommen egolos sein muß, bevor man jemandem Reiki schicken kann. Es bereitet uns natürlich enormes Vergnügen, wenn der Empfänger spürt, daß er oder sie eine Behandlung geschickt bekommt, und wenn schnell klare Ergebnisse zu sehen sind: alles Ego. Wenn wir wirklich »losgelöst« wären, würden wir uns lange nicht so über die Ergebnisse freuen; wir wären allerdings auch nicht so traurig, wenn jemand durch unsere Behandlung nicht gesund würde.

Betrachten Sie eine Krankheit nicht als Feind, den Sie nun mit Hilfe von Reiki bekämpfen. Eine Krankheit hat ihre Daseinsberechtigung, ist oft auch Teil eines Prozesses auf dem Weg zu höherem Bewußtsein, wenn auch ein unangenehmer. Eine Krankheit ist kein Gegner. Reiki ist keine Waffe. Aufgrund von Behandlungen mit dem zweiten Grad kann der Empfänger oft auf seine eigene Weise, in seinem eigenen Tempo das höhere Bewußtsein erlangen, so daß die Krankheit nicht mehr nötig ist.

Er muß sich jedoch selbst dafür entscheiden.

Bleiben Sie bei sich

Wenn Sie jemandem Reiki schicken, sollten Sie bei sich im Hier und Jetzt bleiben. Achten Sie darauf, daß Sie mit Ihrer Aufmerksamkeit nicht in den Schmerz, die Angst oder den Kummer des anderen eintauchen. Das ist eine Form von Mitgefühl oder besser Mitleid, durch die Sie Ihre Kraft weggeben und mit der Sie weder sich noch dem anderen helfen. Schicken Sie dem anderen einfach in aller Ruhe Reiki, ohne sich von seinem Schmerz oder seinen Problemen einnehmen zu lassen. Ich bin ich und schicke dem anderen, der Schmerzen hat, ängstlich oder traurig ist, Reiki.

Dies gilt auch für eine Selbstbehandlung. Wenn Sie zum Beispiel einer angstbesetzten Situation in Ihrer Vergangenheit Reiki schicken, kann es passieren, daß Gefühle freigesetzt werden. Versuchen Sie, sie zuzulassen, und schicken Sie als derjenige, der Sie heute sind, weiterhin Reiki. Auch hier gilt, daß es wenig nützt, vollkommen in die Gefühle einzutauchen. Schieben Sie sie jedoch auch nicht weg. Lassen Sie sie zu, und schicken Sie weiterhin Reiki.

Eins nach dem anderen

Bei einer Reiki-Behandlung mit dem zweiten Grad gehen wir am besten zielgerichtet vor.

Mit dem ersten Symbol stellen Sie den Kontakt zu demjenigen her, den Sie behandeln wollen, lenken Sie die Energie. Wie Sie wissen, ist jeder Mensch, jede Situation vollkommen einzigartig.

Versuchen Sie nicht, aus Zeitgründen Herrn Müller mit seinem Asthma und Frau Schmidt mit Ihrem Bandscheibenvorfall gleichzeitig zu behandeln. Sie wären dann nicht mehr konzentriert, sondern mit zwei Dingen gleichzeitig beschäftigt.

Es ist allerdings möglich, Paare oder Gruppen zu behandeln, zum Beispiel die Beziehung zwischen Peter und Maria oder Zimmer 6 im Krankenhaus in … oder meine Kollegen, die gerade wegen … zusammengekommen sind, oder das bevorstehende Familientreffen, das immer in einem handfesten Streit endet, usw. Bei solchen Fällen liegen Gemeinsamkeiten vor, ein gemeinsames Ziel oder

Problem, das die Gruppe als Ganzes betrifft und zu einer Einheit macht.

Manchmal läßt sich der zweite Grad in Ihrem Beruf ganz gut anwenden:

> Ich arbeite im Krankenhaus im Nachtdienst einer psychiatrischen Abteilung. Früher kam es regelmäßig vor, daß einer der Patienten nachts unruhig war und durch seine Unruhe auch andere unruhig wurden. Diese Unruhe und Angst hielt sich dann oft lange in der ganzen Abteilung. Jetzt beginne ich meinen Dienst damit, der ganzen Abteilung Reiki zu schicken.

Hellwissen, -sehen und -fühlen

Es gibt Menschen, die bei einer Behandlung mit dem zweiten Grad ziemlich genau wissen, was mit dem anderen los ist. Der eine spürt es körperlich, der andere weiß es einfach. Diese Fähigkeiten gehören nicht zum »Standardpaket« von Reiki. Es kann sich jedoch um eine Begabung handeln, die einfach zu Ihnen gehört und sich allmählich entwickelt, wenn Sie viel mit Reiki arbeiten. Es kann sein, daß andere auf diese Fähigkeiten neidisch sind, weil sie meinen, dies sei etwas Besonderes. Aber das trifft nicht zwangsläufig zu. Zunächst einmal ist es kein ungeteiltes Vergnügen, hellsehen, -wissen oder -fühlen zu können, weil das, was man erfährt oder fühlt, selten etwas Angenehmes ist. Darüber hinaus kommt es vor, daß Behandelnde, die Bilder sahen, dies nur in Momenten taten, in denen sie schlecht geerdet waren. Sobald sie gelernt hatten, sich während einer Behandlung besser zu erden, blieben die Bilder und Gefühle aus. Wenn Sie nach einer Behandlung mit den Beschwerden des anderen Schwierigkeiten haben oder wenn Sie müde und ausgelaugt sind, dann sind Sie schlecht geerdet, und es ist wichtig, diesem Umstand ernsthaft Beachtung zu schenken. Fallen die Empfindungen des Hellsehens, -wissens, -fühlens nach der Behandlung vollkommen weg, und Sie fühlen sich großartig und fit, dann brauchen Sie sich keine Sorgen zu machen. In diesen Fällen werden Sie nach der Behandlung auch kaum mehr wissen, was mit dem anderen los war. Bei einer Behandlung ist es am besten, so losgelöst wie möglich zu sein. Versuchen Sie, sich nicht allzusehr mit den Problemen und Schwierigkeiten des anderen zu beschäftigen, bleiben Sie bei sich, schicken Sie dem anderen Reiki, und lassen Sie alles weitere geschehen. Wenn Sie zu sehr in die Probleme des anderen hineingezogen werden, sind Sie nicht hinreichend im Hier und Jetzt und geben dem anderen weniger als möglich ist. Übrigens: Sollten Sie eine bestimmte Fähigkeit wirklich haben und sollte sie gut für Sie sein, wird Reiki Ihnen helfen, sie zu entwickeln. Sie wird auf Sie zukommen, Sie brauchen nicht danach zu suchen. Das klingt einfach, aber in der Praxis zeigt sich, wie schwierig es ist, etwas einfach geschehen zu lassen.

Anderen Reiki schicken

Der zweite Grad macht es Ihnen möglich, auch Menschen Reiki zu schicken, die nicht anwesend sind. Es macht keinen Unterschied, ob diese Menschen bei Ihnen um die Ecke wohnen oder am anderen Ende der Welt, die Energieweitergabe findet immer im richtigen Moment statt, zumeist im gleichen Augenblick. Bei Reiki gibt es keine Distanz. Sie brauchen den Empfänger nicht einmal zu kennen. Es reicht, wenn Sie seinen Namen und Wohnort kennen. Sie können einem Menschen als Ganzes Reiki schicken, Sie können aber auch entscheiden, einem Körperteil oder einem bestimmten Leiden des Empfängers Reiki zu schicken.

> Eine Kursteilnehmerin erzählte uns, daß sie ihrem Partner, der sich wegen seines frühzeitigen Haarausfalls Sorgen machte, eine Anzahl Fernbehandlungen geschickt hätte, von denen er nichts merkte. Als sie dann seiner Kopfhaut Reiki schickte, fühlte er, daß sie prickelte, »als ob er eine elektrische Bademütze« aufhätte. Sie kam zu dem Ergebnis, daß die zweite Art, Reiki zu schicken, effektiver war.

Wir richten unsere Fernbehandlung nur dann auf ein bestimmtes Problem, wenn wir explizit darum gebeten werden. Wenn wir nämlich jemandem in seiner Ganzheit Reiki schicken, können Veränderungen in einem Punkt auftreten, dessen sich der Empfänger zu dem Zeitpunkt nicht bewußt ist, der aber tatsächlich zuerst gelöst werden muß, bevor das bekannte Leiden heilen kann. Ein Beispiel:

> Eine junge Frau fühlte sich eine Woche nach der Entbindung völlig erschöpft; nicht froh, nicht zufrieden, sondern völlig erschöpft. Das Kind war so anstrengend und unruhig, daß sie auch nachts kein Auge zumachen konnte. Sie rief uns an und bat unseren Krisendienst, d.h. eine Gruppe Freiwilliger aus dem Reiki-Zentrum, die ihren zweiten Grad in Notsituationen anderen Kursteilnehmern zur Verfügung stellen, ihr Reiki zu schicken. Die Mitglieder der Gruppe erhalten keine Informationen über die Beschwerden des Betreffenden. Sie schicken einer ihnen unbekannten Person eine normale Ganzbehandlung. Eine Woche später schrieb sie, daß alles für sie anders geworden sei. Schon am zweiten Tag der Behandlungen kam es zu einem heftigen Streit mit ihrem Partner,

in dem sie vieles, was sie gestört hatte, ansprach. Seitdem waren sie wieder mehr füreinander da. Sie fühlte sich daraufhin stabiler, was dazu führte, daß auch ihr Kind ruhiger wurde und sie nachts wieder schlafen konnte. Weil ihr Reiki geschickt wurde, ohne daß damit feste Vorstellungen verbunden waren, machte Reiki genau das, was in dem Moment gut für sie war: Sie lernte, für sich selbst aufzukommen und ihre Wünsche und Enttäuschungen auszusprechen, wodurch die Ursache ihrer Ermüdung verschwand.

Wenn man so neutral universelle Lebensenergie sendet, läßt man die Weisheit von Reiki zum Zuge kommen. Es ist allerdings sinnvoll, ein wenig zu experimentieren, um zu sehen, ob die Unterschiede auch von Ihnen selbst und dem Empfänger so erfahren werden.

Wir sollten einen Empfänger um Zustimmung fragen, bevor wir ihn oder sie behandeln. Wenn jemand sich weigert, ob mit oder ohne Begründung, müssen wir das respektieren. Ein zweiter Gesichtspunkt ist, daß mit Reiki keine Bedingungen oder Erwartungen verknüpft sind. Sie wollen nichts von dem anderen. Wenn Sie jemandem Reiki schicken, ohne vorher um Zustimmung gefragt zu haben, werden Sie fühlen, wenn der andere es nicht will. Es ist, als ob Ihre Hände zurückgeschoben würden. Dann ist es gut, die Behandlung einzustellen. Versuchen Sie in einer solchen Situation, sachlich Ihre eigenen Motive unter die Lupe zu nehmen. Warum möchten Sie den anderen so gerne behandeln? Ist es vielleicht einfach der Wunsch, sich in alles einzumischen? Ihr Bedürfnis, den anderen zu verändern? Zu überzeugen? Wenn das der Fall ist, ist es besser, sich wegen dieses Bedürfnisses erst einmal selbst zu behandeln.

Kontakt

Wenn wir mit dem zweiten Grad jemandem Reiki schicken, wird ein Kontakt zwischen dem »Wesenskern« dessen, der Reiki schickt, und dem »Wesenskern« des Empfängers hergestellt. Dadurch, daß dieser Kontakt auf dem Niveau des »Wesenskerns« der Personen stattfindet, ist es auch möglich, Menschen zu erreichen, die auf anderen Ebenen nicht mehr erreichbar sind, wenn sie sich z. B. im Koma befinden, senil oder autistisch sind. Ein beeindruckendes Erlebnis hierzu:

Ich war gerade in den zweiten Grad eingeweiht worden, als ich zu meiner Großmutter ins Altersheim gerufen wurde, weil es ihr schlecht ging. Sie war sehr still, ängstlich und verstört. Als ich ankam, war ihr Zimmer voll mit Familienangehörigen, die sich laut miteinander und mit ihr unterhielten. Sie saß ängstlich zurückgezogen in einer Ecke des Sofas, erzählte in klagendem Ton, daß sie sich verlaufen habe, und flehte die Anwesenden an, sie nach Hause (in das Elternhaus ihrer Kindheit) zu bringen. Die Erklärungen der Anwesenden, daß dies nun ihr Zuhause sei, sie sich bereits zu Hause befinde, drangen absolut nicht zu ihr durch. Sie war zu dem Zeitpunkt so unruhig, daß sie nicht berührt werden wollte. Ich saß neben ihr und fühlte mich machtlos; ich spürte ihre Angst und ihren Kummer und war nicht imstande, sie zu trösten – bis mir einfiel, daß ich unauffällig meinen zweiten Grad einsetzen könnte; ich würde es schon merken, wenn sie das nicht wollte. Fast im gleichen Moment begannen meine Hände heftig zu prickeln, sie entspannte sich sichtbar, und die Angst und die Unruhe verschwanden aus ihrem Gesicht. Gleichzeitig merkte ich zu meiner Überraschung, daß ein tiefer persönlicher Kontakt entstand. Nicht zu dem neunzigjährigen Kind, das da neben mir auf dem Sofa saß, sondern zu der Erwachsenen, die darin eingeschlossen war. Es ist eine außergewöhnliche Erfahrung, zu spüren, daß der Wesenskern einer Person unangetastet bleibt und daß man zu ihm Kontakt haben kann, selbst wenn ein großer Teil der Persönlichkeit nicht mehr funktioniert.

Wir haben nur wenig Erfahrung mit dem Behandeln von Altersschwäche und wir wollen deshalb auch keine Aussagen darüber machen, inwieweit Reiki Senilität heilen kann. Wir wissen jedoch, daß das damit verbundene Leiden in hohem Maße erleichtert werden kann.

Nicht nur Menschen haben einen Wesenskern: Vor allem nordamerikanische indianische Schamanen erkennen bei Tieren, Pflanzen und sogar bei Steinen einen Wesenskern und eine tiefe innere Weisheit. Sie machen davon Gebrauch, wenn sie ihre Patienten in Trance bringen, in der sie mit ihrem Totemtier, ihrer Totempflanze oder ihrem Totemstein eins werden. Indem er sich in sein Totem hineinbegibt, macht sich der Patient dessen Qualitäten zu eigen. Obwohl es absolut nicht zur Tradition von Reiki gehört, ist es möglich, mit Hilfe des zweiten Grades den helfenden Kontakt zu seinem Totemtier entstehen zu lassen. Das ist jedoch kein Spiel und kann nicht jedem angeraten werden. Es ist nicht Sinn und Zweck, daß wir nun alle anfangen, mit unseren Begonien zu kommunizieren. Wenn es jedoch etwas in der Natur gibt, das uns über lange Zeit hin stark anzieht, von dem wir das Gefühl haben, daß dazu eine Bindung besteht, daß es uns etwas bedeutet, ist es möglich, einen tiefen Kontakt dazu herzustellen, indem wir uns völlig leer machen und mit dem zweiten Grad Reiki senden, wodurch wir uns für die Botschaft, die da vielleicht für uns ist, öffnen.

Erfahrungen von Empfängern

Die Erfahrungen beim Empfangen einer Reiki-Fernbehandlung unterscheiden sich stark von Mensch zu Mensch und hängen außerdem davon ab, womit sich der Empfänger in dem Zeitraum gerade beschäftigt. Im allgemeinen gilt, daß jemand, der gerade entspannt ein Buch liest oder sich ausruht, mehr von einer Fernbehandlung spürt, als jemand, der gerade in eine heftige Diskussion verwickelt ist. Glücklicherweise besteht keine Beziehung zwischen dem Ausmaß, in dem man die Behandlung spürt, und der Wirkung, die eine solche Behandlung hat.

Wir lassen Menschen, die eine Fernbehandlung erhalten haben, oft einen kleinen Bericht über ihre Erfahrungen in dieser Zeit schreiben, woraus wir einige Beispiele anführen wollen:

Samstag und Sonntag nichts gespürt, nur einmal wurde ich in der Straßenbahn von einem kurzzeitigen Glücksgefühl übermannt, ohne erkennbaren Anlaß. Montag bis einschließlich Samstag habe ich mich langsam aber sicher immer unwohler gefühlt. Alte Gefühle kamen hoch, einhergehend mit Weinkrämpfen, Angst, Furcht vor einem Rückfall, nicht in der Lage, Dinge loszulassen. Gegen Ende der Woche bemerkte ich einen Schmerz im Unterbauch, verbunden mit Durchfall und Krämpfen. Montags fühlte ich mich allerdings wieder prima, und der Rest der Woche ging auch gut. In der Woche mußte ich mich ein paarmal mit mir selbst auseinandersetzen, das habe ich sehr gut durchgestanden. Vielleicht wurden in der Reiki-Woche doch Dinge aufgeräumt, woraufhin ich sehr gut mit den inneren Kämpfen umgehen konnte.

Am ersten Tag spürte ich eine Welle von Liebe über mich kommen, und es ging mir etwas besser, aber nach einer Woche mußte ich doch akzeptieren, daß sich an meinem Zustand nicht viel geändert hatte. Allerdings erhielt ich den Impuls, ein anderes Medikament zu nehmen, und seitdem geht es merklich aufwärts. So scheint Reiki auch wirken zu können.

Ich war richtig abgedreht und stand kurz vor der Aufnahme in die Psychiatrie. Seit der Woche mit Reiki-Behandlungen ist alles anders. Ich habe jede Hilfe angenommen und selbst intensiv mitgemacht. Ich bekam Hilfe vom Arzt, vom Sozialarbeiter und geistliche Unterstützung. Ich bin jetzt wieder stark, Medikamente habe ich nicht mehr nötig, und auch wenn die ganze Welt in die Luft fliegt, höre ich auf meine innere Stimme.

Meine Mutter hatte eine Lungenentzündung hinter sich, und es ging ihr wegen einer Allergie auf die verschriebenen Medikamente nicht gut. Am Freitagmorgen atmete sie schwer und kurz; sie hatte 39 Grad Fieber und Ausschlag am ganzen Körper. Obwohl sie Reiki skeptisch gegenübersteht, gab sie ihre Zustimmung, vom Krisendienst Reiki geschickt zu bekommen. Am gleichen Abend war das Fieber verschwunden, und sie lief völlig leer (Durchfall), was sie sehr erleichterte. Am folgenden Samstag ging es mit dem Leerlaufen noch kurz weiter, sie trank dann viel Wasser und hatte nur noch wenig Temperatur. Die Besserung hielt in den nächsten Tagen an, auch der Hautausschlag ließ nach. Sie hatte aufgehört, die Medizin zu nehmen. Meine Mutter will sich bedanken für die gewährte Hilfe, es fällt ihr aber noch schwer zu akzeptieren, daß der gute Verlauf den Reiki-Behandlungen zu verdanken ist.

Ich war gerade mit ... beschäftigt; plötzlich hatte ich das Gefühl, jemand steht neben mir, ich schaute hoch, aber es war niemand da. Ich spürte ganz stark Frieden, Akzeptanz und Liebe. Es war, als ob eine warme Decke über mich gelegt würde. Ich spürte am ganzen Körper ein Prickeln und fühlte mich total entspannt.

Plötzlich spürte ich durch meinen ganzen Körper sowohl von oben nach unten als auch von unten nach oben, Spiralen von Energie fließen, sich kringelnd wie Luftschlangen, die ausgeworfen werden. Die Füllungen in meinem Gebiß fühlten sich an, als wenn sie unter Strom ständen. Nach etwa zehn Minuten fühlte ich mich wieder normal. Ich war neugierig zu erfahren, was mit mir auf energetischer Ebene passiert war, und nahm den Elektro-Akupunkturmesser, den ich in meiner Praxis benutze, dieses Mal um mich selbst zu messen. Alle Meridiane hatten perfekte Werte!

Es ist natürlich wunderschön, Schilderungen von Menschen zu bekommen, die Reiki richtig gespürt haben; es kommt jedoch auch vor, daß Menschen von einer Reiki-Behandlung überhaupt nichts mitbekommen. Offenbar wirkt Reiki dann auf einer Ebene, die wir nicht bewußt erfahren.

Fernbehandlung bei Tieren und Pflanzen

Sie können Tieren und Pflanzen Reiki geben, indem Sie Ihre Hände auflegen. Bei sehr großen Pflanzen und bei ängstlichen, verwundeten oder gefährlichen Tieren ist jedoch eine Fernbehandlung ideal. Vor allem, wenn ein Tier verwundet oder schwer krank ist, läßt es Sie nicht nahe herankommen. Manchmal ist es auch ausgesprochen ungesund, Tiere, z.B. giftige Schlangen, zu berühren. In allen diesen Fällen können Sie aus der Distanz Reiki schicken. Wenn Sie schon etwas länger mit Reiki arbeiten und Tiere haben, haben Sie sicher schon die Erfahrung gemacht, daß diese oft einfach kommen und darum bitten. Unser großer schwarzer Kater macht das, indem er mich im Liegen lange ganz traurig anstarrt. Sobald ich beschließe, ihm eine Behandlung zu schicken, legt er sich ruhig zum Schlafen hin. Wenn er das Bedürfnis nach einer Kontaktbehandlung hat, springt er mir auf den Schoß. Er wählt also selbst. Für eine Fernbehandlung entscheidet er sich meistens, wenn er Schmerzen hat und nicht berührt werden möchte. Und wie das bei Katzen so ist, sie werden auf einen kurzen Wink hin sofort bedient. Auch scheuen, wilden Tieren können Sie mit einer Fernbehandlung etwas Gutes tun.

Eine Idee oder ein Ideal

Wir hören immer öfter, daß Reiki-Kursteilnehmer Lebensenergie zu sozialen oder ökologischen Problemen schicken, wie Krieg oder Hunger, Abholzung des Regenwalds usw. Einmal im Jahr, am World Healing Day, Silvester, von 13.00 bis 14.00 Uhr schicken in der ganzen Welt Tausende von Menschen Energie zur Heilung der Mutter Erde. Wenn Sie möchten, können Sie mitmachen; es ist eine ganz besondere Erfahrung, ein Teil des großen Stroms zu sein.

Räume energetisch reinigen

Es kommt vor, daß man sich in bestimmten Räumen sehr unwohl fühlt. Das kann darauf zurückzuführen sein, daß sich dort schreckliche Dinge ereignet haben, es kann auch sein, daß Menschen mit einer negativen

Lebenseinstellung längere Zeit darin gelebt haben, oder es hat gerade einen Riesenstreit gegeben. Durch die Anwendung des zweiten Grades können Sie solche Räume in kurzer Zeit vollständig von dem reinigen, was im Laufe der Zeit dort hängengeblieben ist, auch wenn es in langen Jahren harte Materie wie Mauern, Boden und Decke durchtränkt hat. Sowohl nahegelegene als auch ferne Räume können Sie mit Reiki füllen, wenn Sie eine Fernbehandlung schicken und dabei gewissermaßen sehen, wie Licht aus ihren Händen strömt und diesen Raum füllt.

Welches ist der »richtige« Moment für eine Behandlung?

Als wir selbst anfingen, mit dem zweiten Grad zu arbeiten, bestimmten wir den Moment, in dem wir Energie verschickten, hauptsächlich mit unserem »gesunden Menschenverstand«. Unter dem Eindruck der starken Energie und ihrer oft heftigen Wirkung schickten wir Reiki nicht, wenn wir nicht genau wußten, daß der Empfänger ruhig zu Hause saß; auch nicht, wenn jemand vielleicht gerade mit seinem Auto unterwegs war, weil wir befürchteten, daß er dann beim Fahren einschlafen könnte. Nicht, wenn jemand im Krankenhaus gerade operiert wurde, weil wir befürchteten, daß die Narkose wegen des entgiftenden Effekts von Reiki dann vielleicht nicht wirken könnte. Vor kurzem lasen wir in einem Buch über Reiki, daß es nicht gut wäre, jemandem, der eine Chemotherapie bekommt, Reiki zu schicken. Mittlerweile haben wir glücklicherweise festgestellt, daß Reiki immer das tut, was in dem Moment für den Empfänger das beste ist. Jemand, der Chemotherapie bekommt und mit Reiki behandelt wird, fühlt sich zum Beispiel viel weniger beeinträchtigt, als ohne Reiki-

Behandlung. Es hat sich auch gezeigt, daß man Reiki zu jeder Tages- und Nachtzeit schicken kann. Jemand, der normalerweise von einer Reiki-Behandlung einschläft, wird, wenn er im Auto sitzt, gerade wacher werden und beschließen, kurz anzuhalten und Kaffee zu trinken. Für den Empfänger ist es jedoch angenehmer, wenn er dabei ruhig sitzen oder liegen kann, er spürt dann mehr. Vereinbaren Sie deshalb, wenn es möglich ist, eine feste Zeit. Ein Beispiel:

Wir haben die Wirkung einer Behandlung mit dem zweiten Grad bei einer Betäubung getestet. Ich mußte zu einer langwierigen Kieferbehandlung zum Zahnarzt. Ich hatte dafür vier Termine von jeweils einer bis anderthalb Stunden Dauer. Während der Behandlung wurde mein Kiefer selbstverständlich völlig betäubt. Einige Menschen schickten mir während der Behandlungen Reiki. Ich war sehr aufgeregt. Nach fünf Minuten wurde ich jedoch ganz ruhig; ich fühlte wohl auch etwas Reiki »hereinkommen«. Die Betäubungen waren eine große Hilfe. Nach jeder Behandlung war mein Zahnarzt von neuem erstaunt darüber, daß es so leicht ging. Jede Behandlung dauerte nur ungefähr die Hälfte der veranschlagten Zeit. Ich hatte später auch keine nennenswerten Schmerzen. Bei einem Zahn wirkte die Betäubung allerdings überhaupt nicht, sogar nach mehreren Spritzen zeigte sich keine Wirkung. Die nächste Behandlung habe ich dann ohne Reiki über mich ergehen lassen, um zu sehen, ob vielleicht Reiki die Ursache dafür war, daß die Betäubung nicht wirkte, aber nein, auch da wirkte die Betäubung nicht. Es lag also einfach an mir, an meinem Zahn.

Denken Sie daran, daß Reiki Lebensenergie ist; Reiki tut, was für den anderen nötig ist. Sobald wir darüber nachdenken, was Reiki alles tun könnte, wollen wir Reiki mit unserem Verstand in eine Richtung festlegen. Das hat dann nichts mehr mit Reiki oder mit der Wirkung von Reiki zu tun hat, sondern nur mit unserer Angst.

Wenn Sie jedoch überhaupt kein gutes Gefühl dabei haben, zum Beispiel jemandem bei einer Operation Reiki zu schicken, sollten Sie es auch nicht tun. Nach der Operation wird es Ihnen sicher besser damit gehen, und dann können Sie es immer noch tun.

Wie schnell merken Sie, daß Reiki wirkt?

Weil Reiki das tut, was für den Betreffenden gut ist, kann man niemals genau angeben, wann tatsächlich eine Veränderung oder Verbesserung eintritt. Ein schwerwiegendes Leiden kann bei dem einen in sehr kurzer Zeit verschwinden, ein anderes Mal sind für ein akutes, kleines Problem viele Behandlungen nötig.

Es kann sehr aufschlußreich sein, wenn Sie sich selbst oder einen anderen Erwachsenen behandeln, sorgfältig auf Veränderungen sowohl geistiger als auch körperlicher Art zu achten, auch auf Veränderungen, die offenbar mit den Beschwerden, die Sie behandeln, nichts zu tun haben. Wenn Sie die Veränderungen aufschreiben, erhalten Sie einen besseren Überblick über das Geschehen. Es kann eine Reinigung auf psychischer Ebene stattfinden (Träume, verändertes Schlafmuster, Gefühle oder plötzliche klare Einsichten, Erinnerungen) oder auf körperlicher Ebene (Schwitzen, veränderter Stuhl, andere Eß- oder Trinkgewohnheiten, alte Beschwerden, die wieder auftauchen). Manchmal entsteht ein regelrechter Widerstand gegen die Behandlung. Gerade dann ist eine Fortführung der Behandlung sehr wichtig, weil sich etwas Wesentliches verändert, wodurch für eine Zeitlang auch der Widerstand gegen die Veränderung wächst. Wenn jedoch eine weitere Behandlung abgelehnt wird, bleibt Ihnen nichts anderes übrig, als das zu respektieren. Natürlich können Sie erläutern, was gerade geschieht, und Ihre persönliche Ansicht dazu mitteilen, aber ein Drängen, die Behandlung fortzusetzen, wird nur den gegenteiligen Effekt haben.

Im allgemeinen zeigt Reiki bei Kindern, Tieren und Pflanzen eine schnellere Wirkung. Sie sind für diese Energie empfänglicher und lassen Veränderungen leichter zu, wehren sich weniger dagegen. Auch das Reinigen von Räumen hat oft unmittelbar Erfolg; die Behandlung braucht nach einiger Zeit nur ein einziges Mal wiederholt zu werden.

Reiki ist für die Lebenden

Reiki ist universelle Lebensenergie. Sie ist für alles Lebende da. Benutzen Sie sie auch dafür. Wenn Menschen sterben, kann sich ihre Seele noch einige Zeit in der Umgebung ihres Körpers aufhalten und erst später zur folgenden Seinsebene übergehen. Einzelne, die diesen Schritt nicht machen wollen oder sich nicht trauen, bleiben länger auf der Ebene der Lebenden. Weil sie jedoch nicht in diese Realität gehören, können sie nur dadurch hierbleiben, daß sie Lebenden Energie abzapfen, vor allem solchen, die sich dafür zur Verfügung stellen. Das tun z.B. diejenigen, die nicht akzeptieren wollen, daß jemand gestorben ist. Es ist jedoch notwendig, daß auch sie zur nächsten Ebene hinübergehen. Ein Beispiel:

Eine Teilnehmerin besucht gerade einen Kurs für den zweiten Grad, als ein Familienmitglied an Krebs stirbt. Sie macht sich schwere Vorwürfe, daß sie den zweiten Grad nicht früher gemacht hat, so daß sie das

Familienmitglied, das weit entfernt gewohnt hat, hätte behandeln können. Nach dem Kurs fängt sie auch sofort an, dem verstorbenen Angehörigen täglich Reiki zu schicken. Bei einem späteren Treffen erzählt sie, wie fesselnd ihre Kontakte mit diesem Angehörigen sind (sie ist medial veranlagt und kommuniziert auch mit ihm), aber sie berichtet, wie schrecklich müde sie in letzter Zeit ist. Wegen ihrer negativen Bindung (Schuldgefühl) hält sie das Familienmitglied auf einer Ebene fest, wohin es seit langem nicht mehr gehört, und es kann nur auf dieser Ebene bleiben, weil es bei ihr Energie »abzapft«. Nach ausführlichen Erläuterungen schicken wir ihrem Angehörigen zusammen eine »Abschiedsbehandlung«, um ihm den Übergang zur nächsten Ebene zu ermöglichen. Danach sind die Ermüdungserscheinungen wie weggeblasen.

Wenn jemand stirbt, kann man Reiki schicken und damit Abschied nehmen. Dadurch hilft man dem anderen beim Übergang, wünscht eine »gute Reise« und läßt die eigene Bindung zu dem Menschen los. Schicken Sie anschließend jedoch keine weiteren Behandlungen. Wenn Sie den Wunsch haben, das doch zu tun, schicken Sie zuerst Ihrem Wunsch Reiki. Dieser Wunsch hat oft damit zu tun, daß man nicht akzeptieren kann oder will, daß jemand, der einem wichtig ist, weg ist. Das ist ein Versuch, sich dem Leben zu widersetzen, zu dem der Tod nun einmal gehört. Es ist gut, dann auch der Angst vor dem Tod oder dem Alleinsein ins Auge zu sehen.

Wir befürworten nicht den Versuch, Geister von Verstorbenen anzurufen. Wir leben hier und jetzt, unsere Aufgabe liegt hier, unsere Lektion sollen wir hier und jetzt lernen, in diesem Leben auf der Erde. Auch hier gilt unseres Erachtens, daß, wenn ein derartiger Kontakt zu einer anderen Welt zu Ihnen gehört, er von sich aus auf Sie zukommt.

Sich selbst behandeln

Ein wichtiger Bestandteil des Kurses für den zweiten Reiki-Grad, wie er durch die Meister des Reiki-Zentrums und die Meister, die dort ausgebildet werden, gegeben wird, ist, zusammen mit dem Kursteilnehmer herauszufinden, was seine oder ihre persönlichen Schwierigkeiten sind, und sie an Ort und Stelle mit Hilfe des zweiten Grades zu beheben. Der Kursteilnehmer erfährt auf diese Weise nicht nur, wie stark der zweite Grad bei ihm wirkt, sondern auch, was bei ihm behandelt werden muß, damit der Teilnehmer einen weiteren Schritt auf dem Wege der Ganzwerdung gehen kann. Bei der Bearbeitung der Schwierigkeiten unterscheiden wir folgende Punkte. Wir betrachten:

1. Den Einfluß, den Ereignisse aus unserer Vergangenheit noch immer auf uns haben können.
2. Die Art und Weise, wie wir uns im Alltag verhalten, wie wir mit Beziehungen, mit unserer Arbeitssituation umgehen und wie wir, indem wir Reiki einsetzen, in diesem Leben freier und stärker werden können.
3. Wie wir mit dem zweiten Grad an unseren Sorgen, Ängsten und Vorstellungen über unsere Zukunft arbeiten können.

Bevor wir beschreiben, wie wir diese Themen angehen, erscheint es uns sinnvoll zu erläutern, auf welche Weise wir überprüfen, ob Menschen »ihre Kraft weggeben« oder eine »negative Bindung« haben.

»Seine Kraft weggeben« verstehen wir ganz wörtlich. Wenn wir an unverarbeitete Erfahrungen mit einem Menschen oder an eine unverarbeitete Situation denken, sind wir auch körperlich schwächer, als wenn wir an etwas denken, das wir bereits verarbeitet haben. Die körperliche Schwächung ist an der Muskelkraft zu messen, über die wir verfügen. Wenn es einen Menschen oder eine Situation gibt, an die wir unsere Kraft weggeben, sprechen wir von einer »negativen Bindung« an die Person oder die Situation. Diese Bindung ist schlecht für uns, weil wir uns von ihr schwächen lassen. Der Test sagt nichts über die Qualitäten der Person oder den Ernst der Situation aus, an die wir unsere Kraft weggeben, wir erhalten nur Antwort auf die Frage, ob wir etwas wirklich verarbeitet haben oder nicht.

Wir benutzen dafür den Armmuskeltest von John Diamond, den wir bei der Behandlung mit dem ersten Grad beschrieben haben. Diese Arbeitsweise ist mit Testmethoden verwandt, wie wir sie aus Touch for Health oder der Kinesiologie kennen. Für weitere Informationen über diese Testmethode empfehlen wir das Buch *Lebensenergie* von John Diamond.

So wie wir den Test anwenden, können Sie ihn auch selbst durchführen:

Bitten Sie jemanden, Ihnen dabei zu assistieren. Stellen Sie sich hin, die Füße etwas auseinander. Strecken Sie Ihren linken Arm horizontal zur Seite aus, und bitten Sie ihren Helfer, der Ihnen gegenübersteht und eine Hand auf Ihrer linken Schulter, die andere Hand an Ihrem linken Handgelenk hat, Ihren Arm ein Stück nach unten zu drücken, während Sie gleichzeitig versuchen, den Arm horizontal zu halten. (Also nicht versuchen, den Arm nach oben zu drücken.) Der Helfer sagt: »Festhalten!« und versucht mit sanftem Druck, den Arm 20 Zentimeter nach unten zu drücken. Schauen Sie sich während des Tests nicht an. Jetzt kennen Sie Ihre natürliche Kraft. Denken Sie jetzt an etwas oder jemanden, an das oder den Sie Ihre Kraft weggeben. Das kann eine unangenehme Situation aus Ihrer Vergangenheit sein, ein Mensch, mit dem Sie gerade ein Problem haben, etwas, wovor

Sie Angst haben, oder ähnliches. Während Sie die Person oder Situation vor sich sehen, bitten Sie Ihren Helfer, den Arm noch einmal herabzudrücken. Er sagt wieder zuerst: »Festhalten!« Sie sehen sich nicht an. Es wird Ihnen kaum gelingen, den Arm oben zu halten.

Setzen Sie nun den zweiten Grad ein, um der Person oder Situation, bei der Ihr Testergebnis schwächer war, Reiki zu schicken, und wiederholen Sie den Test noch einmal, während Sie wieder an diese Person oder Situation denken. Wenn Sie in den zweiten Reiki-Grad eingeweiht sind, werden Sie jetzt besser abschneiden, weil Sie durch die Reiki-Behandlung für kurze Zeit die negative Bindung losgelassen haben. Fünf Minuten Reiki ist völlig ausreichend, um den Kraftunterschied messen zu können. Um aber wirklich etwas zu verarbeiten, ist es gut, noch einige Male jeweils eine Viertelstunde lang Reiki zu schicken.

Die Macht der Vergangenheit

Ereignisse aus unserer Vergangenheit können uns heute noch beeinflussen. Sie bestimmen zu einem Großteil, wie wir die Wirklichkeit um uns herum wahrnehmen. Besonders Ereignisse und Personen aus unserer Kindheit haben einen großen Einfluß darauf, wie wir uns im alltäglichen Leben verhalten. Sie bestimmen unsere Ängste, sie bestimmen das Maß unseres Selbstvertrauens, sie bestimmen die Beziehung zu uns selbst und zu den uns umgebenden Menschen. Der wichtigste Aspekt dabei ist, daß wir unsere Kraft heute noch an Ereignisse, Situationen und Personen aus unserer Vergangenheit weggeben. Menschen, die während eines Reiki-Kurses für den ersten Grad den Armmuskeltest gemacht haben, haben am eigenen Leib erfahren, wie sehr unser Körper in jedem Augenblick, in dem wir an unverarbeitete Ereignisse denken, geschwächt ist. Es ist klar, daß das Weggeben unserer Kraft an Situationen oder Personen, an die wir eine »negative Bindung« haben, für unsere körperliche und geistige Gesundheit nicht förderlich ist. Glücklicherweise haben wir mit dem zweiten Reiki-Grad ein Instrument an der Hand, mit dem wir daran etwas ändern und alten Schmerz auflösen können, so daß er unser heutiges Leben nicht mehr beeinflußt. Dabei gibt es verschiedene Vorgehensweisen. Sie können dem Kind, das Sie gewesen sind, in der schmerzhaften Situation Reiki schicken, was Ihnen hilft, den alten Schmerz, den alten Kummer oder die Einsamkeit loszulassen. Sie können auch wählen, dem damaligen »Täter« Reiki zu schicken, wodurch Sie Ihre negative Bindung zu dieser Person lösen.

Es gibt jedoch noch einen weiteren Grund dafür, das Geschenk des zweiten Grades zur Verarbeitung alter Erfahrungen einzusetzen. Schockierende Ereignisse, die Sie in der Vergangenheit erlebt haben (oder die jemand anders in einer Situation erlebt hat, bei der Sie anwesend waren, aber nichts tun konnten), hinterlassen auch Spuren in Ihrem Körper. Vor allem, wenn der Schrecken oder die Angst, die das Ereignis bei Ihnen erzeugt hat, nicht gleich geäußert werden konnten, entsteht irgendwo im Körper ein steifer, schwacher oder »abgestorbener« Fleck, der nach wie vor mit dem Ereignis verbunden ist. Wenn man sich selbst, so wie man in der Situation gewesen ist, vor seinem inneren Auge sieht und dieser Person Reiki schickt, kann man die alte Energie, die an dieser Körperstelle festsitzt, wieder befreien und aufgestaute Emotionen lösen. Die Verbindung zwischen körperlicher Versteifung, Schmerz und Schwäche ist auch zu beobachten, wenn Menschen an dieser schmerzhaften Stelle behandelt werden.

Eine Patientin wird an ihrem schmerzenden Knie behandelt. Das Knie fühlt sich völlig kalt an. Plötzlich fängt sie an, schwer zu atmen, sie kann die Tränen nicht mehr zurückhalten und erzählt dann sehr bewegt von einem schmerzhaften Erlebnis mit ihrem Vater. Danach fließt die Energie wieder gut durch ihr Knie.
Jemand wird an einer schmerzhaften, steifen Stelle an der Wirbelsäule zwischen den Schulterblättern behandelt. Plötzlich fängt er an, unruhig zu werden, seine Kiefer verspannen sich, sein Atem stockt. Er erzählt, daß er sich gerade intensiv daran erinnert, wie er von einem seiner Erziehungsberechtigten geschlagen wurde.

Wenn wir Körperstellen, an denen alte Emotionen festsitzen, die das Weiterfließen der universellen Lebensenergie blockieren, mit Reiki behandeln, kommen festsitzende Gefühle frei – manchmal auch in einem heftigen Weinkrampf –, so daß der Energiefluß wieder möglich wird. Der Körper wird geschmeidiger und lebendiger.
Sie können den zweiten Reiki-Grad auf unterschiedliche Art und Weise einsetzen, um sich dem Einfluß, den die schmerzhaften Ereignisse der Vergangenheit noch heute haben, zu entziehen.

a. Indem Sie der Person, die Sie in der Vergangenheit schlecht behandelt hat, Reiki schicken. Dadurch hören Sie auf, dieser Person Ihre Kraft zu geben, Sie lassen eine negative Bindung los, Sie befreien sich davon.
b. Indem Sie sich als Kind in der Situation vor sich sehen und diesem Kind Reiki (= Trost, Sicherheit und Liebe) schicken, wodurch der alte Schmerz, die Angst und der Kummer, die Ihr heutiges Leben beeinflussen,

angenommen und transformiert werden können und keine Macht mehr über Sie haben.
c. Wenn Sie der Meinung sind, daß Sie in der Vergangenheit etwas falsch gemacht haben und sich deswegen heute noch schuldig fühlen, geben Sie sehr viel Kraft dorthin weg. Wenn Sie sich in der Situation Reiki schicken, heilen Sie auch ein Stück Vergangenheit.
d. Manchmal kann es bei der Behandlung körperlicher Beschwerden hilfreich sein, sich daran zu erinnern, wann sie zum ersten Mal aufgetreten sind, und sich in dieser Situation Reiki zu schicken.

Wenn Sie nicht herausfinden können, woher schmerzliche Gefühle kommen, hat es keinen Sinn, sich etwas auszudenken. Schicken Sie dem Gefühl, so wie Sie es jetzt empfinden, Reiki.

Das Heute

Wir leben hier und jetzt, und in unserer jetzigen Situation reicht der zweite Grad oft aus. Unterschätzen Sie niemals den Einfluß, den die Arbeit mit dem zweiten Grad auf Ihr alltägliches Leben, Ihre Kontakte, Ihre Arbeit und Ihren Gesundheitszustand haben kann. Es ist gut, den zweiten Grad zur Verarbeitung von Verhaltensweisen oder Gefühlen einzusetzen, die in der Vergangenheit entstanden sind und nun nicht mehr zu Ihnen gehören. Das ist jedoch nicht die einzige Möglichkeit, Reiki für sich wirken zu lassen.

Sie können Ihr Selbstwertgefühl stärken, indem Sie sich mit Ihren »schlechten« Eigenschaften vor sich sehen. Das kann etwas mit Ihrem Äußeren zu tun haben, z.B. dem Gefühl, zu dick oder zu dünn zu sein, oder mit Ihrer Stimmung oder mit »schlechten Taten«, deretwegen

Sie sich schuldig fühlen usw. Wenn Sie dieser schlechten, häßlichen, schwachen oder sonstwie verwerflichen Person Reiki schicken, hören Sie auf, sich selbst zu verurteilen, und öffnen sich immer mehr der universellen Lebensenergie, wodurch die Eigenschaften sich verwandeln können oder wodurch Sie lernen, sich zu akzeptieren statt sich zu verurteilen.

Einer unserer Teilnehmer am Kurs des zweiten Grades erzielte beim Muskeltest ziemlich normale Ergebnisse, als es um schockierende Erlebnisse aus seiner Vergangenheit ging, um Konflikte bei der Arbeit und um seine Beziehung. Als er jedoch auf »schlechte Eigenschaften« getestet wurde, schnitt er beim Punkt »Nägelkauen« äußerst schlecht ab. Er schämte sich sehr dafür, und seine Partnerin ließ ihn auch immer wieder wissen, daß dies eine unzulässige Eigenschaft sei. Nachdem er einige Zeit der nägelkauenden Person, sprich sich selbst, Reiki geschickt hatte, verschwand das Schamgefühl, es entstand ein Gefühl der Akzeptanz, und kurz darauf hatte er gute Testergebnisse.

Vielleicht gibt es Fälle, bei denen eine einzige Behandlung ausreichen würde. Unser Verhalten bzw. unsere Gefühle existieren jedoch schon so lange in unserem Leben, daß es in den meisten Fällen nötig sein wird, ein Problem mehrere Male zu behandeln. Ergebnis jeder einzelnen Behandlung wird Akzeptanz und Ruhe sein. Die Akzeptanz und Ruhe werden jedesmal länger anhalten.

Auch gute Eigenschaften, die Sie weiterentwickeln möchten, können Sie verstärken, indem Sie ihnen Reiki schicken. Wenn Sie emotional berührt sind, können Sie Ihre Gefühle behandeln, indem Sie sich selbst in dieser Situation sehen und dieser Person Reiki schicken.

Gibt es in Ihrem derzeitigen Leben eine Person oder eine Situation, auf die Sie ärgerlich sind, deretwegen sie traurig sind oder vor der Sie Angst haben? Dann geben Sie Ihre Kraft an sie weg, denn Sie haben daran eine negative Bindung. Dieser Person oder Situation Reiki zu schicken hilft Ihnen, die negative Bindung loszulassen, Ihre Kraft bei sich zu behalten und sich selbst zu befreien. In einem solchen Moment schicken Sie also zu Ihrem eigenen Nutzen jemand anders Reiki. Oft wird sich auch die Einstellung des anderen Ihnen gegenüber verändern.

Vor einiger Zeit hatte mich jemand meines Erachtens ungerecht behandelt. In dem Augenblick selbst war ich sehr beherrscht und verständnisvoll geblieben mit der Folge, daß ich mich nachts hellwach und zähneknirschend in meinem Bett wälzte und nicht einschlafen konnte. Nach einigen Stunden (es war mir zu anstrengend geworden, weiterhin frustriert zu sein) kam ich glücklicherweise endlich darauf, selbst zu tun, was ich anderen immer rate, nämlich Reiki anzuwenden. Nachdem ich der Person einige Minuten Reiki geschickt hatte, schlief ich wie ein Murmeltier. Einige Zeit später erhielt ich einen netten Brief mit Entschuldigungen. Für mich hat sich hiermit wieder konkret gezeigt, daß nicht die anderen einem das Leben schwermachen, sondern jeder selbst es anderen erlaubt oder nicht erlaubt, ihm das Leben schwerzumachen. Sie haben mit dem zweiten Grad ein prächtiges Instrument zur Hand, das zu verändern. Das Wichtigste ist, unsere Bindung zu lösen. Wenn der andere sich dann auch ändert, ist das eine »Zugabe«.

Eine Kursteilnehmerin schrieb uns, einige Monate nachdem sie in den zweiten Grad eingeweiht worden war:

Der zweite Grad ist ein großes Geschenk, immer noch. Es hat sich viel verändert; ich bin viel ruhiger geworden, die Beziehungen in meinem Leben fühlen sich gut an, die Freude an meiner Arbeit hat zugenommen, der Kontakt zu meinen zwei Kollegen hat sich gebessert. Ja, es geht mir gut.

Manchmal sind es nur Kleinigkeiten, die das Leben etwas angenehmer machen.

Eine Kursteilnehmerin war auf ihren Ehemann schlecht zu sprechen. Er wollte ihr am nächsten Tag das Auto nicht überlassen, weil er den Kurs unsinnig fand. Sie schickte ihm Reiki; am nächsten Tag kam sie zufrieden mit dem Auto zum Kurs, er hatte seinen Widerstand aufgegeben.

Es ist bei diesem Beispiel wichtig, klarzustellen, daß die Art und Weise, wie sie ihm Reiki schickte, nicht manipulierend war, etwa: »Ich schicke dir Reiki, damit du zu der Ansicht kommst, daß ich das Auto benutzen darf.« Nur wenn es ein freies bedingungsloses Geschenk ist, kann es eine derartige Wirkung erzielen. Versuche, Reiki zur Manipulation anderer einzusetzen, funktionieren nicht, sie können sich sogar gegen Sie wenden. Für unser Glück ist es nicht nötig, daß der andere sich unseren Bedürfnissen entsprechend verhält, wir machen uns selbst glücklich, wenn wir aus unserer Opferrolle heraustreten.

Auch Rachegefühle können einem das Leben gehörig erschweren. Das englische Wort für Rache ist »resentment«, was wörtlich »wieder neu fühlen« bedeutet. An Rache zu denken heißt denselben alten Schmerz immer wieder neu zu fühlen. Ob Sie nun »zu Recht« Rachegefühle haben oder nicht: Wenn Sie demjenigen, den Sie als Verursacher Ihres alten Schmerzes betrachten, Reiki schicken, lassen Sie den anderen los, so daß Sie die

Situation nicht immer wieder aufs neue durchleben müssen. Gleichzeitig entsteht jetzt Raum dafür, herauszufinden, was die eigentliche Ursache des Schmerzes, der Angst oder des Widerstands bei Ihnen selbst ist.

Angst vor Mäusen oder Spinnen, Höhenangst oder Angst vor Wasser wird Ihr Leben nicht entscheidend beeinflussen. Es gibt jedoch Ängste oder Phobien, die Ihre Lebensfreude erheblich beeinträchtigen können. Glücklicherweise kann man daran etwas ändern, auch ohne langandauernde Therapien. Der Behandlung von Ängsten kann man sich mit verschiedenen Methoden nähern. Sie können herausfinden, was die Ursache Ihrer Ängste ist, und diese dann an der Quelle behandeln. Ängste, deren Ursache nicht auszumachen ist, können Sie, so wie Sie sie hier und jetzt empfinden, behandeln. Es kann dann passieren, daß Ihnen während der Behandlung die Ursache plötzlich klar wird. Zwei Beispiele:

Eine Kursteilnehmerin erzählt, daß Sie im Dunkeln Angst hat. Wir machen den Muskeltest mit ihr, während sie sich vorstellt, daß sie in einem völlig dunklen Zimmer sitzt. Ihre normale Energie ist völlig verschwunden. Sie glaubt, die Ursache dafür zu kennen. Als Kind hatte sie ihren Eltern einmal schrecklich in den Ohren gelegen, daß sie abends draußen im Sandkasten spielen wollte. Einem ihrer Eltern hatte es irgendwann gereicht, er/sie hat sie gepackt, nach draußen getragen, in dem stockdunklen Park in den Sandkasten gesetzt und ist dann wieder nach Hause gegangen. Sie bekam in dem finsteren Park mit den Schatten der Sträucher überall um sich herum und den fremden, bedrohlichen Geräuschen große Angst. Und seitdem waren für sie Dunkelheit und Angst untrennbar miteinander verbunden. Wir schickten dem kleinen Mädchen in dem dunklen Sandkasten Reiki und kurze Zeit später, als sie sich wieder vorstellte, allein in einem dunklen Zimmer zu sitzen, fiel der Test besser aus. Ein erster Schritt war getan bei der Verarbeitung einer blockierenden Kindheitserfahrung. Sie hatte die Kopplung zwischen Dunkelheit und Angst großenteils gelöst.

Eine andere Frau hatte große Angst vor Spinnen. Allein schon der Gedanke an eine Spinne bewirkte, daß ihre ganze Kraft dahinschwand. In diesem Fall war keine konkrete Ursache auszumachen, und das war auch nicht nötig. Sie setzte sich mit geschlossenen Augen hin, stellte sich vor, daß in der Zimmerecke eine große ecklige Spinne saß und schickte Reiki dorthin, anfangs mit Schweiß an den Händen, aber schon bald ruhig und entspannt. Kurz darauf fiel der Test beim Gedanken an eine Spinne wieder gut aus. Die Angst, mit der sie ihre Lebensenergie blockiert hatte, war aufgelöst.

Daß es manchmal sehr befreiend sein kann, seinen Ängsten nicht nachzugeben, zeigt folgendes Beispiel:

Eine Reiki-Kursteilnehmerin will den zweiten Grad machen. Sie hat allerdings große Angst vor offenen Plätzen und vor Reisen. Den Kurs für den ersten Grad konnte sie machen, weil der in der Nähe ihres Hauses abgehalten wurde. Für den zweiten Grad muß sie aber zu uns kommen und dabei mehr als zwei Stunden Zug fahren. Als wir sie am Bahnhof abholen, ist sie mit ihren Nerven am Ende und völlig erschöpft von den angstvollen Stunden, die hinter ihr liegen. Sie sieht schon mit großen Bedenken dem Ende des Tages entgegen, an dem sie wieder in den Zug muß. Während der Nachmittagssitzung behandelt sie ihre Reiseangst mit dem zweiten Grad. Am Abend ruft sie dann bei uns an und erzählt, daß sie sich während der ganzen Rückfahrt angenehm mit einigen Mitreisenden unterhalten habe und keinen Moment ängstlich gewesen sei. Wenn sie wegen ihrer Reiseangst nicht in den Zug gestiegen wäre, oder wenn wir aus »Nächstenliebe« Rücksicht auf ihre Angst genommen hätten, zu ihr gefahren wären und den Kurs in ihrem Haus abgehalten hätten, hätte ihr dies die Möglichkeit genommen, zu erfahren, wie sie ihre Angst überwinden kann.

Ihre größte Schwäche
Jeder Mensch hat etwas, dem er sich, wenn er daran denkt oder mehr noch, wenn jemand anders ihn darauf anspricht, lieber verschließt. Uns von etwas abzutrennen, das in uns ist, uns von jemandem abzuwenden, der uns damit in Kontakt bringt, ist für unseren Energiehaushalt nicht gut. Wir blockieren den Fluß, wir sind nicht mehr offen. Wenn Sie ihre Schwächen verstecken, sind Sie gerade besonders verletzlich. Indem Sie Ihrer größten Schwäche Reiki schicken, nimmt Ihr Bedürfnis ab, sich davor zu verschließen, und Sie befinden sich wieder mehr im Fluß der Energie.

Sie können natürlich auch Körperstellen an sich selbst, an die Sie mit den Händen nicht kommen, mit dem zweiten Grad behandeln und Ihnen Reiki schicken. Es ist übrigens auch gut, wenn Sie Körperstellen, an die Sie auch mit Ihren Händen kommen, einmal eine Fernbehandlung senden. Das fühlt sich anders an, als wenn Sie Reiki geben, indem Sie die Hände auflegen. Es ist, als ob die Wirkung dann tiefer ginge. Von einem Kursteilnehmer erfuhren wir, daß es ihm sehr gut tat, jedem neuen Tag 15 Minuten Reiki zu schicken.

Die Zukunft

Wenn wir uns Sorgen über die Zukunft machen, lösen wir nichts. Weil wir mit unserer Aufmerksamkeit nicht mehr im Hier und Jetzt sind, bei dem, was das Leben uns jetzt bietet, genießen wir den Augenblick selbst nicht und können deshalb auch keine Energie daraus ziehen. Außerdem sind wir so auf das mögliche Negative in der Zukunft ausgerichtet, daß es uns blind macht für das Positive. Wenn wir unsere Aufmerksamkeit nur auf die unangenehmen Dinge richten, die wir erwarten, werden wir sie auch anziehen. Wir geben unsere Kraft weg, so daß eine angenehme Zukunft noch unerreichbarer wird. Wir können mit dem zweiten Grad an unserer Zukunft arbeiten. In nächster Zeit steht Ihnen z.B. ein Bewerbungsgespräch bevor, worüber Sie sich jetzt schon große Sorgen machen. Es ist klar, daß Sie sich dort nicht von Ihrer besten Seite zeigen können, wenn Sie sich vorher wochenlang Sorgen gemacht haben.

Schicken Sie vorher Reiki dorthin. Sie werden aufhören, im voraus darüber zu grübeln. Sie sind während des Gesprächs mehr Sie selbst, und wenn die Stelle gut für Sie ist, wird die Chance größer, daß Sie genommen werden. Wir haben dieses Beispiel wegen der Einschränkung gewählt: wenn die Stelle gut für Sie ist. Wenn die Stelle nicht gut für Sie ist, wird die Chance größer, daß Sie abgelehnt werden. Reiki macht nur, was gut für Sie ist, nicht was Sie gut fänden. Es ist also nicht so, daß Sie nur den zweiten Grad einsetzen müssen, um von nun an bei jeder Bewerbung erfolgreich zu sein. Auch bei anderen schwierigen Situationen kann es gut sein, vorher Reiki zu schicken, ob es sich nun um einen Zahnarztbesuch handelt oder um ein schwieriges Gespräch, das Sie mit jemandem führen müssen, eine bevorstehende Prüfung und so weiter.

Nicht alles gleichzeitig

Ein Risiko, das mit dieser Darstellung der vielfältigen Möglichkeiten des zweiten Grades verbunden ist, ist, daß Menschen immer wieder meinen, es müsse nun auch alles gemacht werden. Glücklicherweise ist dem nicht so, sonst wäre der zweite Grad eine Vollzeitbeschäftigung für Sie. Wir treffen nur eine Auswahl aus den unbegrenzten Möglichkeiten, den zweiten Grad für Ihre Ganzwerdung einzusetzen. Es sind Möglichkeiten, keine Verpflichtungen. Wenn Sie der Ansicht sind, daß Sie sofort begeistert anfangen müßten, alles zugleich zu behandeln, sollten Sie zunächst diese Ansicht behandeln, so daß Sie dann langsam und in Ruhe an sich arbeiten können. Oft reicht es, uns anzuschauen, was heute mit uns los ist, und das als Ausgangspunkt für eine Reiki-Behandlung zu nehmen.

Einige Monate nach dem Kurs für den zweiten Grad schrieb uns ein Teilnehmer: »Ich bin immer noch sehr dankbar, daß ich mit Reiki arbeiten darf, und genieße es. Um so mehr als ich merke, daß es zu meinem inneren Wachstum beiträgt. Früher dachte ich: Ich muß das und das noch entwickeln, dann bin ich fertig! Nun genieße ich auch das Wachsen.«

Es ist, als ob ich keinen Schritt weiterkomme

Wenn Sie schon seit einiger Zeit Reiki-Behandlungen bekommen (von Ihnen selbst oder von anderen), kann es passieren, daß Sie plötzlich feststellen, wie Sie immer wieder in alte Verhaltensmuster, alte Gefühle zurückfallen. Es scheint, als ob Sie nicht weiterkommen.

Ich nenne das den »Zwiebel-Effekt«.

Wenn Sie eine Zwiebel schälen, müssen Sie – mit den damit verbundenen Tränen – viele Schichten entfernen, bevor Sie an den Kern kommen. Jede neue Schicht sieht wieder aus wie die Schicht, die Sie gerade entfernt haben. Und die Gefühle, die Sie dabei haben, die Tränen, die dabei fließen, sind auch dieselben.

So ist es auch bei uns Menschen.

Es kann vor langer Zeit eine bestimmte Angst, eine Sorge oder ein Widerstand entstanden sein, woraufhin Sie angefangen haben, sich auf eine bestimmte Weise zu verhalten. Dieses Verhalten werden Sie in vielen Bereichen Ihres Lebens und Ihrer Persönlichkeit zeigen. Wenn sich nun etwas an Ihrem Verhalten, Ihren Reaktionen verändert, so geschieht das Schicht für Schicht.

Sie haben gerade die erste Schicht abgelegt und sind stolz, daß Sie etwas überwunden oder besser losgelassen haben. Sie sind zu Recht stolz auf dieses Ergebnis. Aber leider reagieren Sie am nächsten Tag in einer anderen Situation wieder wie früher.

Das Gefühl ist das gleiche; die Situation ist anders. Sie sind bei einer neuen Schicht in sich angekommen. Es besteht also absolut kein Grund, den Kopf hängenzulassen, im Gegenteil. Sie können stolz darauf sein, daß Sie sich schon wieder an eine neue Herausforderung wagen. Manchmal sind die Schichten dick und hart; dann handelt es sich um eine grundlegende Veränderung. Manchmal sind die Schichten dünn und brüchig. Sie werden es kaum fühlen, wenn Sie eine derartige Schicht entfernen. Dennoch geschieht es und ist notwendig, um zur nächsten Schicht zu gelangen.

Lassen Sie sich also nicht zu schnell entmutigen, wenn Sie regelmäßig wieder auf dasselbe stoßen, auch Verhalten, Emotionen, Kummer usw. bestehen aus Schichten, die eine nach der anderen entfernt werden müssen, damit man am Ende in der Mitte ankommt, beim Kern Ihres Problems.

Platz schaffen für Neues

Wenn sich Ihre Einstellung zu sich selbst und anderen gegenüber verändert, wird der Platz, den das alte Verhalten innehatte, durch die neue Einstellung eingenommen. Dies geschieht allmählich.

Wie oben beschrieben, kann dies Schicht für Schicht erfolgen. Wenn Sie jedoch beim Kern eines Ihrer Probleme angekommen sind, scheint es, als ob man einen gigantischen Schritt ins Nichts tun müsse. Es ist, als ob Sie in ein großes schwarzes Loch gingen. Das ist dann auch der Punkt, an dem Sie anfangen zu zögern; manchmal werden Sie mit den Behandlungen aufhören, manchmal »vergessen«, sich selbst zu behandeln. Das kann mit Ärger (»Ich habe schon so viel gemacht, nun muß es auch mal vorbei sein«) oder Panik verbunden sein. Das Wesentliche an diesem letzten Schritt ist, daß Sie erst etwas wirklich loslassen müssen, bevor etwas Neues wachsen kann. Das Neue kann nicht schon vorher wachsen, denn es gibt buchstäblich keinen Platz dafür. Sie müssen erst die alten Schuhe wegwerfen, bevor Sie neue bekommen. Und das macht die Sache so beängstigend, daß Ihr Widerstand sehr stark werden kann. Das Risiko, erst sehr lange zu zögern, bevor Sie diesen Schritt tun, ist sehr groß. Sie wissen im voraus nicht, was Sie erwartet, wenn Sie diesen letzten Schritt tun; Sie haben kurzzeitig keine Kontrolle. Dieser letzte Schritt führt ins Nichts. Wenn Sie sich in einer derartigen Situation befinden, ist es gut, andere, die den zweiten Grad haben, zu bitten, Ihnen zu Ihrer Unterstützung Reiki zu schicken. Natürlich behandeln Sie sich selbst ebenfalls mit Reiki.

Wenn Sie den Schritt schließlich getan haben, kann man leicht sagen: »Warum habe ich mich darüber nur so aufgeregt?«

Kapitel 5:

Erfahrungen mit dem zweiten Grad

Können Sie mit dem zweiten Grad etwas falsch machen?

Glücklicherweise nicht. Reiki bewirkt nur, was gut ist, und wirkt nur in dem Moment, in dem es gut ist. Wir brauchen uns deshalb keine Sorgen darüber zu machen, daß wir etwas falsch machen könnten. Selbst wenn Sie bewußt Böses damit anrichten wollten, gelingt es nicht. Der Energiestrom gerät ins Stocken, und meistens merkt man dann auch, daß man etwas falsch macht; nicht mit Reiki, denn das ließe Reiki nicht zu, sondern mit sich selbst, so daß Sie Ihr Verhalten ändern können. In den nächsten Kapiteln beschreiben wir unter anderem einige Fehler, die immer wieder begangen werden, wenn Menschen mit Reiki anfangen. Wir schildern die Folgen und was dann zu tun ist.

Ihr Körper als Freund

Wenn wir seelisch oder körperlich leiden, ist unser größtes Bedürfnis, davon loszukommen. Was wir dann – oft völlig unbewußt – tun, ist, uns vor dem Teil von uns zu verschließen, in dem der Schmerz sitzt, der uns behindert. Sich zu verschließen ist ein sehr aktiver Vorgang, wir brauchen dafür viel Energie, und das einzige Ergebnis ist, daß die Beschwerden noch zunehmen. Auf der anderen Seite können die Beschwerden manchmal ganz plötzlich verschwinden, wenn wir durch etwas völlig anderes abgelenkt werden. Wie kommt das? Wie gesagt: Uns vor unseren Gefühlen, unseren Schmerzen zu verschließen kostet viel Energie. Diese Energie ist nicht liebevoll, sie ist gegen etwas in uns gerichtet. Also wird das in uns, das Aufmerksamkeit möchte, sich noch einmal auflehnen und noch mehr Aufmerksamkeit verlangen.

Schmerzen sind eine Warnung unseres Körpers, daß wir nicht gut mit uns umgehen, sie sind ein Versuch, unsere Aufmerksamkeit darauf zu lenken, daß etwas nicht in Ordnung ist. Oft reagieren wir darauf, indem wir unsere Aufmerksamkeit gerade davon abziehen.

Wenn einfache Ablenkung bewirkt, daß Schmerzen manchmal wie Schnee in der Sonne verschwinden, liegt das daran, daß wir in dem Augenblick auch damit aufhören, uns vor uns selbst zu verschließen, daß wir unsere Aufmerksamkeit eben nicht mehr darauf richten, Widerstand zu leisten. Und das ist manchmal für den Körper ausreichend, so daß er sich entspannen kann und die Schmerzen verschwinden.

Wären wir in der Lage, wenn wir Schmerzen haben, die damit fast immer verbundene Angst vor Schmerzen loszulassen, würde der größte Teil der Schmerzen schon verschwinden. Nicht umsonst genießen Behandlungen unter Hypnose immer größere Popularität; der größte Schmerzverursacher ist unsere Angst vor Schmerzen.

Das Beste, was wir bei Schmerzen für uns tun können, ist, der schmerzenden Stelle liebevoll Aufmerksamkeit zu schenken. Aufmerksamkeit ist Energie. Wenn wir unsere Aufmerksamkeit von einem Teil von uns abziehen, dann erhält dieser Teil keine Energie mehr, verlangt mehr Aufmerksamkeit und verursacht (mehr) Schmerzen.

Wir können uns mit dem ersten Grad bereits gut behandeln, indem wir unsere Hände auf die betreffende Stelle legen. Manchmal ist der zweite Grad jedoch wirkungsvoller. Beim zweiten Grad spielt die seelische Heilung eine wichtige Rolle. Reiki wirkt dann eher auf dieser Ebene.

Wir wollen keine Schmerzen, Beschwerden oder Kummer. Und wie sehr wir uns bei Schmerzen auch bemühen, mit unseren Händen an die Stelle zu kommen, manchmal klappt es nicht. Wenn Sie diese Stelle dann mit dem zweiten Grad behandeln, schicken Sie nicht nur dieser Stelle heilende Energie, sondern auch der Ursache. Sie senden der unbewußten Weigerung, gut mit sich selbst umzugehen, Reiki. Eine Fernbehandlung wird Ihnen auch helfen, den – meist unbewußten – Widerstand gegen Ihren Körper aufzugeben.

Auch hier gilt, daß Reiki bedingungslose Liebe ist. Wir Menschen neigen dazu, unseren Körper zu mögen, wenn er schön und gesund ist; sobald eines der beiden oder beide Kriterien nicht erfüllt sind, wenden wir uns von ihm ab; wir wenden uns von uns selbst ab. Reiki – bedingungslose Liebe – kann uns wieder lehren, daß wir gut sind, so wie wir sind. Auch wenn wir uns mit dem zweiten Reiki-Grad behandeln, kann man nicht immer davon ausgehen, daß unsere Beschwerden, unsere Schmerzen verschwinden. Natürlich sind wir froh, wenn das geschieht, wenn jemand wieder vor Gesundheit strotzt. Aber das wird nicht immer passieren. Reiki wird uns dann lehren, wie wir am besten mit uns selbst leben können; es lehrt uns, uns selbst so zu akzeptieren, wie wir sind, und daraus das Beste zu machen. Wir sind nicht eingeengt, wir engen uns selbst ein. Wir sind viel mehr, und wir können lernen, wie wir uns in unserem Eingeengtsein helfen können.

Abhängigkeit und Abhängigkeitsbewußtsein

In den ersten Jahren unseres Daseins als Mensch leben wir in einem Zustand völliger Abhängigkeit. Die nötige Nahrung, Versorgung, Wärme und Liebe bekommen wir nur, wenn andere sie uns geben. Der andere wird von uns deshalb als übermächtig erfahren; unser Leben hängt von den anderen ab. Wir haben schon erwähnt, daß die große Abhängigkeit heftige Gefühle zur Folge haben kann, z.B. falls die anderen nicht da sind, wenn das Kind sie braucht, und daß durch die Verdrängung dieser Gefühle Blockaden entstehen, die uns daran hindern, unbegrenzt Lebensenergie zu empfangen. Gleichzeitig geschieht jedoch noch etwas anderes. Durch unsere in der Tat völlige Abhängigkeit von anderen entsteht bei uns ein starkes Abhängigkeitsbewußtsein. In unserem »Computer« wird programmiert, daß »es« – alles, worauf es wirklich ankommt – von jemand anders kommen muß. Wenn wir heranwachsen, werden wir im Laufe der Jahre immer selbständiger und unabhängiger. Wenn wir erwachsen sind, können wir vollständig für uns selbst sorgen und sind in keiner Weise mehr von anderen abhängig. Unsere Programmierung »Es muß von jemandem anders kommen« wächst allerdings nicht mit. Tief im Inneren (wir nennen es das »innere Kind«) sind wir davon überzeugt, daß wir noch immer abhängig sind, sehnen wir uns immer noch nach jemandem, der es uns geben soll. Unser Abhängigkeitsbewußtsein bleibt bei uns, auch wenn schon lange nicht mehr von einer tatsächlichen Abhängigkeit gesprochen werden kann.

Dieses Abhängigkeitsbewußtsein kann zu etlichen Problemen führen. Es verursacht zum Beispiel Angst und Schmerz. Angst, den anderen zu verlieren, Angst, daß der andere, von dem wir uns abhängig fühlen, uns nicht das gibt, was wir brauchen, Schmerz und Kummer, wenn der andere etwas anderes im Kopf hat, als unsere Bedürfnisse zu befriedigen.

Die Angst kann auch dazu führen, daß wir uns niemals wirklich trauen, uns einem anderen Menschen zu öffnen: »Wenn er/sie mich sieht, wie ich wirklich bin, läßt er/sie mich sicher im Stich.« Wir spielen weiterhin das nette Mädchen/den netten Jungen, in der Hoffnung, dafür von dem anderen belohnt zu werden, ohne jemals unsere vollständige Persönlichkeit zu zeigen. Wir tragen eine Maske. Wenn wir uns so vor dem anderen verschließen, brechen wir auch den Energieaustausch mit ihm ab.

Oft wird Abhängigkeit auch mit Liebe verwechselt. Liebe ist jedoch: »Ich will aus freiem Willen mit dir teilen, was von mir ist.« Abhängigkeit ist: »Ich brauche dich«, »Du mußt mit mir teilen, was von dir ist«.

Abhängigkeitsbewußtsein kann Sie auch nach einer sogenannten komplementären Beziehung suchen lassen: »Ich bin nur ein halber Mensch, und du mußt deshalb die andere Hälfte sein, zusammen sind wir dann komplett.« Damit gehen Sie der Möglichkeit aus dem Weg, bei sich selbst die Qualitäten zu entwickeln, die Sie »ganz« machen würden. Gleichzeitig zwingen Sie den anderen in eine Rolle, die nicht notwendigerweise die seine ist.

Weil Sie sich abhängig fühlen, bleiben Menschen manchmal in Beziehungen, die nicht gut für sie sind, oder sie sehnen sich nach einem anderen Menschen, der in ihr Leben treten und ihnen geben soll, was sie meinen, sich nicht selbst geben zu können. Ein Beispiel:

Ein 50jähriger erfolgreicher Geschäftsmann besucht regelmäßig seinen alten Vater im Altersheim. Jedesmal bringt er kleine Geschenke mit, fährt seinen Vater in seinen immer größer und luxuriöser werdenden Autos aus, berichtet von seinen geschäftlichen Erfolgen und seinen neuen Besitztümern. Jedesmal wenn er von dort zurückkommt, fühlt er sich sehr deprimiert. In Gesprächen kommt er dahinter, daß er seinen Vater nicht aufsucht, um ihm etwas zu geben (Geschenke, Gesellschaft), wie er zunächst dachte, sondern daß er dorthin ging, um sich etwas zu holen (Anerkennung, Respekt). Die harte Arbeit an seiner Karriere, sein Streben nach Erfolg und Besitz, die ständigen Besuche bei seinem Vater, um ihm von seinen Erfolgen zu berichten, alles war darauf ausgerichtet, endlich einmal zu hören: »Das hast du gut gemacht, mein Junge, ich bin stolz auf dich.« Er sah als Erwachsener seinen Vater noch immer so, wie ein kleines Kind den mächtigen Vater sieht, als denjenigen, von dem die Bestätigung kommen muß, daß wir es gut gemacht haben. Weil sein Vater überhaupt kein Mensch war, der Anerkennung äußerte, blieben die Besuche eine Enttäuschung. Als der Geschäftsmann erkannte, daß er sich in kindliche Abhängigkeit begeben hatte, die mit seinem derzeitigen Leben nichts mehr zu tun hatte, und daß er die Bestätigung seines Vaters jetzt absolut nicht mehr benötigte, sondern durchaus in der Lage war, sich selbst zu achten, ohne dafür die Zustimmung von jemand anders zu brauchen, war das eine große Erleichterung. Oft sehen wir Menschen in unserer Umgebung nicht mit erwachsenen Augen, sondern mit den Augen des Kindes, das wir einmal waren.

Unser Abhängigkeitsbewußtsein können wir transformieren, indem wir dem abhängigen Kind, das wir einmal waren, oder einer heutigen Beziehung, in der Abhängigkeit eine Rolle spielt, Reiki schicken. »Jedesmal wenn ich mich von jemandem abhängig fühle, vergesse ich für einen kurzen Augenblick, wer ich wirklich bin.«

Reiki in Beziehungen

Die Arbeit mit Reiki verändert Sie. Das gilt für den ersten Grad, aber in noch stärkerem Maße für den zweiten. Es geschieht zum Beispiel oft, daß sich Katzen von Menschen, die gerade von einem Kurs nach Hause kommen, im ersten Moment verhalten, als ob sie jemand völlig Fremden vor sich hätten. Es dauert eine Weile, bis sie sich wieder an Sie gewöhnt haben. Haustiere sind sehr empfänglich für Veränderungen in Ihrer Persönlichkeit, Partner oft etwas weniger. Wenn sich die Beziehung zu Ihnen selbst verändert, verändern sich auch die Beziehungen zu anderen. Sie können zum Beispiel lange der Ansicht gewesen sein, daß Sie die Liebe des anderen verdienen müßten, indem Sie Tag und Nacht für ihn/sie da wären. Wenn Sie mit Reiki arbeiten, werden Sie weniger von anderen abhängig sein, besser für sich selbst sorgen und eher Grenzen setzen. Und das macht sich bemerkbar. Wenn Sie selbständiger werden und immer öfter lernen, sich selbst zu geben, was Sie brauchen, nehmen Ihre Forderungen und Erwartungen an den anderen ab, werden Sie den anderen immer weniger für Ihr Wohlbefinden verantwortlich machen, so daß Ärger, Verdruß und Enttäuschung, wenn der andere nicht für das sorgt, was Sie brauchen, immer mehr verschwinden. Wenn Sie von dem anderen weniger abhängig sind, brauchen Sie Ihre Schwächen, Verletzlichkeiten und Bedürfnisse nicht mehr so vor dem anderen zu verbergen, die Beziehung wird offener. Weil wir immer besser Liebe empfangen können, können wir auch immer besser Liebe geben.

Auch wenn das Endergebnis fast immer eine bessere, engere Beziehung ist, kann der Prozeß etliche Konflikte mit sich bringen. Nicht jeder ist wirklich froh darüber, wenn er/sie merkt, daß der Partner selbständiger wird. Ob wir uns dessen bewußt sind oder nicht, wir befürchten doch oft, den Partner zu verlieren, sobald er nicht mehr von uns abhängig ist. Aus der unbewußten Angst heraus, im Stich gelassen zu werden, kann es zu Konflikten kommen. Es kostet Zeit, zu erkennen und zu glauben, daß der andere aus freiem Willen und aus Liebe bei uns bleibt, nicht aus Abhängigkeit. Gleichzeitig fühlen wir uns schuldig, weil wir uns Zeit und Aufmerksamkeit schenken und dem anderen nicht mehr die gleiche Aufmerksamkeit geben wie früher. Außerdem ist Wachsen selten eine geradlinige Entwicklung, es ist vielmehr ein Vorgang, der von einem Extrem ins andere fallen kann, rennen und stillstehen, fallen und aufstehen, ein Schritt vorwärts, zwei Schritte zurück. In einem derartigen Prozeß tauchen auch alte Gefühle wieder auf, wie alter Kummer oder Wut über das, was in der Jugend schiefgegangen ist oder was Ihnen in Ihrer Kindheit gefehlt hat, und es liegt nahe, daß Sie Ihre derzeitigen Gefühle auf den Partner projizieren. Glücklicherweise können Sie dann mit dem zweiten Grad dafür sorgen, daß das nicht außer Kontrolle gerät. Sie können dem anderen, besonders wenn Sie mit ihm / ihr im Streit liegen, Reiki schicken, so daß Sie die Gefühle, die mit dem Ego zu tun haben, in dem Moment im Griff haben. Sie können sich selbst behandeln. Sie können Ihrer Beziehung Reiki senden. Seien Sie auch in schwierigen Situationen freundlich und geduldig mit sich, gönnen Sie sich die nötige Zeit. Wenn Ihnen das gelingt, wird es auch einfacher sein, dem anderen die Zeit zu gönnen, die notwendig ist, sich an die Veränderungen zu gewöhnen. Fallen Sie jedoch nicht darauf herein, zu meinen, daß Sie sich erst entwickeln können, wenn der andere das gut findet. Übernehmen Sie auch dafür die Verantwortung.

Widerstände

Wenn wir mit dem zweiten Grad arbeiten, können wir die Widerstände in uns angehen. Wir verändern uns, und Veränderung ist durchaus bedrohlich. Alte Muster, altes Verhalten loslassen, bevor wir etwas Neues entwickelt haben, mit dem wir uns sicher fühlen können, ist unangenehm. Auch begegnen wir der Angst vor alten einengenden Gefühlen, die wir weit weg versteckt hatten und die jetzt wieder hochkommen. Tatsächlich ist es wunderbar, wenn »alter Schmerz« wieder hochkommt, wir können ihn jetzt mit dem zweiten Grad erfolgreich aufarbeiten. Oft sind wir jedoch so erschrocken über das, was hochkommt, daß wir ganz vergessen, es zu behandeln. Die Angst davor, Gefühle noch einmal zu erleben, die Angst davor, daß wir sie, wenn wir den zweiten Grad anwenden, noch stärker fühlen, daß zuviel gleichzeitig aufbrechen wird, daß wir nicht mehr damit fertig werden, lähmt uns geradezu. Es kann dann geschehen, daß wir den zweiten Grad eine Zeitlang gar nicht anwenden, obwohl er uns gerade in solchen Momenten bei unserer Transformation unterstützen könnte.

Wie wir durch unsere Angst gerade das hervorrufen, wovor wir Angst haben, wird durch die Geschichte vom Kaninchen aus einer indianischen Mythensammlung gut illustriert:

Das Kaninchen sitzt in der Öffnung seines Baus und will hinaus, um Futter zu suchen. In der Ferne sieht es jedoch den Adler, der auf einem Felsen hockt. Das Kaninchen bekommt Angst. Es steckt seinen Kopf aus dem Loch und ruft: »Adler, flieg weg, ich hab Angst vor dir!« Der Adler sieht nichts, hört nichts und schläft weiter. Das Kaninchen geht nun einige Schritte aus seinem Bau heraus und ruft etwas lauter: »Adler, flieg weg, ich hab Angst vor dir!« Noch immer merkt der Adler nichts vom Kaninchen. Völlig verzweifelt, weil der Adler keine Reaktion zeigt, läuft das Kaninchen nun auf eine große freie Fläche und schreit aus vollem Hals: »Adler, flieg weg, ich hab Angst vor dir!« Der Adler schreckt hoch, sieht das Kaninchen, fliegt herab und frißt das Kaninchen auf.

Sich verändern ist nicht nur beängstigend, wir haben gleichzeitig oft auch das Gefühl von Verlust. Das Abschiednehmen von Verhaltensmustern, Ansichten oder Gefühlen, die so lange zu uns gehört haben, die so lange ein Teil von uns waren, an denen wir so hingen, kann zu Verlustgefühlen führen. Wir trauern dann, als ob ein alter Freund gestorben wäre. Wenn das Gefühl von Verlust so bedrückend ist, daß wir versucht sind, wieder auf das alte Verhalten zurückzugreifen, ist es gut, eine Zeitlang unseren zweiten Grad einzusetzen. Ein weiteres Hindernis kann unsere Unsicherheit sein. Wenn wir unsicher sind, wenig Selbstvertrauen haben, können wir in Versuchung kommen, uns nun endlich selbst etwas beweisen zu wollen. Wir können uns z.B. darauf konzentrieren, einen fast unheilbar Kranken zu behandeln oder jemanden, der nichts von unseren Behandlungen spürt. Hiermit beweisen wir uns allerdings nur, daß wir wieder einmal nicht gut genug sind. Wenn Sie unsicher sind, kann die Unsicherheit in der ersten Zeit nach der Einweihung wieder deutlicher hervortreten. Nutzen Sie diese Chance, und heilen Sie Ihre Unsicherheit mit dem zweiten Grad, anstatt zu probieren, sich zu beweisen. Sich mit Reiki selbst zu heilen wirkt zu Ihrem Vorteil. Sich mit Reiki selbst beweisen zu wollen wirkt sich zu ihrem Nachteil aus. Solange Sie versuchen, sich selbst zu beweisen, sind Sie nicht darauf aus, bedingungslose universelle Lebensenergie zu schicken, sondern sind dann damit beschäftigt, sich selbst zurückzuweisen, weil sie sich noch nicht gut genug finden. Dadurch bringen

Sie den Energiefluß zum Stillstand. Aus dem Bericht eines Kursteilnehmers:

> Ich machte meinen zweiten Grad. Während des Kurses entdeckten wir ziemlich viel alten Schmerz und fingen an, ihn zu bearbeiten. Begeistert davon, daß es nun möglich geworden war, auf angenehme und einfache Weise die Dinge anzugehen, die mir schon so lange im Wege standen, ging ich nach Hause, um weiterzumachen und den in Gang gesetzten Reinigungsprozeß zu vollenden. In den folgenden Monaten habe ich dann allerdings nicht weitergemacht. Ich hatte das Gefühl, daß sowieso schon sehr viel mit mir passierte, so daß ich »pausieren« müßte. Ich zeichnete die Symbole auf ein Blatt Papier, um sie nicht zu vergessen, und bewahrte es gut auf. Ein halbes Jahr später mußte ich beim Reiki-Zentrum anrufen und den Krisendienst um Hilfe bitten, denn es ging mir schlecht. Durch einen Umbau im Haus war mein »Spickzettel« verlorengegangen, und ich konnte die Symbole nicht mehr zeichnen. Glücklicherweise durfte ich einen Tag lang wieder hingehen, um alles aufzufrischen.

Diese Erfahrung zeigt, daß man nicht einfach eine Zeitlang »aus dem Strom« aussteigen kann, weil man Angst vor dem hat, was passieren könnte. Dinge aus Angst zu unterlassen bewirkt nur, daß die Angst zunimmt. Man gibt der Angst zuviel Macht über sich. Gleichzeitig ist es ein Beispiel dafür, wie ungeschickt es ist, aus Unsicherheit einen Spickzettel mit den Symbolen zu machen. Sie sind nicht dazu da, auf Papier zu stehen. Man wird abhängig von einem Stückchen Papier und man hat die Symbole nicht mehr im Kopf. Je mehr wir mit dem zweiten Grad arbeiten, desto deutlicher erfahren wir, daß wir niemals mehr zu verarbeiten brauchen, als wir in dem

Moment verkraften, und das Vertrauen wächst, daß Reiki niemals mehr mit uns macht, als gut für uns ist.

Ich selbst habe sehr davon profitiert, meinen Widerständen gegen Genesung und Wachstum eine Zeitlang täglich Reiki zu schicken, ohne daß ich wußte, was genau die Widerstände waren, und das ist auch nicht nötig. Es kommt darauf an durchzuhalten.

Die Versuchung der Maske

Reiki arbeitet wie ein helles Licht; wenn man davon berührt wird, kommt man immer stärker in Kontakt mit der Wahrheit über sich selbst. Das ist herrlich, aber für einzelne manchmal auch schmerzhaft, besonders für diejenigen, die sich die schwere Last auferlegen, perfekt sein zu müssen. Wenn Sie Ihr »aktuelles Selbst« nicht annehmen können, besteht die Gefahr, ein Sklave der »Diktatur des idealen Selbst« zu werden. Die Versuchung, anderen den Menschen zu zeigen, der Sie sein wollen, anstatt denjengien, der Sie in diesem Moment sind, ist groß. Damit laufen Sie jedoch vor der Wirklichkeit und einem offenen Kontakt zu sich selbst und zu anderen davon.

Wenn Sie Reiki Einlaß in Ihr Leben gewähren, fängt es an, alles in Ihrer Persönlichkeit, was bedingungsloser Liebe im Wege steht, nach außen zu bringen. Angst, Wut, Eifersucht, Neid und alter Schmerz können an die Oberfläche kommen, so daß Sie sie verarbeiten und loslassen können. Solange Sie sich dabei bewerten, kann es geschehen, daß Sie Emotionen verleugnen, sie sofort wieder verdrängen und sich mit einer Maske dessen umgeben, wie Sie Ihrer Meinung nach sein sollten. Dieses Verhalten steht Ihrem Wachstum jedoch im Weg. Es führt nur zu einem Kampf gegen sich selbst und die Heilwirkung von Reiki.

Einer der Nachteile, wenn Ihr Äußeres und Ihr Inneres nicht übereinstimmen, wenn Sie dauernd eine Maske zeigen, ist, daß sich die Teile von Ihnen, die Sie nicht akzeptieren, auch nicht verändern können. Sie werden sogar stärker, denn indem Sie sie unterdrücken, geben Sie Energie dorthin und so werden diese Teile Ihnen das Leben vergiften. Sich selbst anzunehmen geht der Transformation voraus. Zur Unterstützung des Transformationsprozesses können Sie den zweiten Grad einsetzen.

Übrigens kommt das Entgegengesetzte genauso oft vor: Menschen, die ihre Vollkommenheit völlig verleugnen und eine Maske der Ungeschicklichkeit und Hilflosigkeit tragen. Es ist eine Einladung an die Menschen um uns herum, sich uns gegenüber wie fürsorgliche Eltern zu verhalten. Der Preis dafür, eine erstickende Abhängigkeit, ist jedoch hoch.

Streben nach dem »Höheren«

Nach der ersten Bekanntschaft mit einer spirituelleren Lebensweise kann es dazu kommen, daß wir uns mehr aus dem »irdischen Leben« zurückziehen. Unter »spirituell« verstehen wir dann fälschlicherweise, daß wir uns nicht mehr mit menschlichen Bedürfnissen und menschlichen Gefühlen beschäftigen wollen. Wir verleugnen sie. Damit verleugnen wir jedoch auch einen wichtigen Teil von uns. Manchmal stehen wir dann mit einem Bein in der spirituellen Welt, stecken aber immer noch voller unverarbeiteter Wut über unsere Vergangenheit. Und unserem inneren Kind sagen wir dann, daß es keine Daseinsberechtigung hat, daß es die Gefühle und Bedürfnisse nicht haben darf, weil das nicht spirituell ist. Wir versuchen, durch Vernachlässigung des körperlichen, irdischen Lebens den Schmerz aus unserer Jugend zu verdrängen. Wir verwechseln die Verleugnung des irdischen Lebens und des dazugehörigen Schmerzes mit Spiritualitäten. Durch das Leugnen, durch die Vernachlässigung dieses im irdischen wurzelnden Lebens stoppen wir unser Wachstum. Außerdem führt die Unterdrückung von Schmerz, Angst oder Kummer immer zu einer Angst vor Gefühlen, so daß es immer schwieriger wird, mit ihnen umzugehen, und die Neigung, alles zu verdrängen, größer wird. In *Gestalt and the Wisdom of the Kahunas* beschreibt Bethal Phaigh, wie die Kahunas, die traditionellen eingeborenen Heiler von Hawaii, bereits seit Jahrhunderten dieses Wissen in Worte fassen und anwenden. Wir nennen hier das Beispiel der Kahunas. Ihre Vorgehensweise findet sich jedoch in vielen Naturheilmethoden, Philosophien und auch in der Schulmedizin und ist im Laufe der Zeit – sowohl im Osten als auch im Westen – zu einem zunehmend akzeptierten Denkansatz geworden. Die Kahunas unterscheiden drei Teile des Selbst: das mittlere Selbst, das Höhere Selbst und das untere Selbst. Die Kahunas betrachten das tiefere Selbst als den Brunnen unserer Kraft und als den Teil von uns, der die Energieflüsse unseres Körpers beherrscht. Es heißt, daß es die Lebenskraft produziert, die vom mittleren Selbst und vom Höheren Selbst benutzt werden kann. Ohne das untere Selbst sind wir zu nichts imstande. In unserem unteren Selbst liegen unsere alten Emotionen verwahrt, die verarbeitet werden müssen, bevor man das Höhere Selbst erreichen kann. Das untere Selbst kann vom mittleren Selbst Aufträge entgegennehmen, führt sie aber nicht immer aus. Das untere Selbst läßt sich mit unserem »inneren Kind« vergleichen. In der Gestalttherapie wird dieser Teil unserer Persönlichkeit »underdog« genannt. Unser unteres Selbst kann nicht darüber nachdenken, ob etwas stimmt oder nicht, es kann es jedoch fühlen.

Das mittlere Selbst der Kahunas ist unser Ego, der vernunftbegabte, rationalisierende Teil, unser intellektuelles Selbst, von dem auch unsere Gebote und Bewertungen stammen. Das mittlere Selbst ist sich oft nicht der verdrängten Gefühle bewußt, die im unteren Selbst und damit in sich selbst aufbewahrt sind. Wir könnten diesen Teil mit dem »inneren Elternteil« und dem »topdog« der Gestalttherapeuten vergleichen.

Der dritte Teil der Persönlichkeit wird das Höhere Selbst genannt. Hier ist der Sitz der Weisheit, Klarheit und Intuition. Dieser Teil von uns steht mit dem Universum in Verbindung, wodurch er über alles Wissen verfügt und in der Lage ist, Dinge zu verwirklichen, uns eine neue Wirklichkeit zu schaffen. Er ist in Wirklichkeit »der Lehrer in uns« und funktioniert nur dann, wenn unser unteres Selbst und unser mittleres Selbst aufeinander abgestimmt sind.

Die wichtigste Entdeckung der Kahunas ist, daß unser mittleres Selbst keine Verbindung zu unserem Höheren Selbst hat, während das untere Selbst sehr wohl eine hat. Unser mittleres Selbst, unser bewußter, vom Verstand bestimmter Teil, der Teil von uns, der uns immer unter Druck setzt, kann demnach nur über unser unteres Selbst das Höhere Selbst erreichen.

Wenn unser mittleres Selbst, unser innerer Elternteil, der Ansicht ist, daß wir nach dem »Höherem«, nach Spiritualität oder »Erleuchtung«, streben müßten, kann es dazu kommen, daß wir Bedürfnisse, Neigungen und Gefühle leugnen, die sich in unserem unteren Selbst, unserem inneren Kind, befinden. Unser innerer Elternteil sagt zum Beispiel zu unserem inneren Kind: »Du darfst nicht mehr traurig sein, du mußt auch einmal darüber hinwegkommen.« oder: »Von diesen Wünschen laß mal ab, die Bedürfnisse sind nicht spirituell.« Unmittelbare Folge hiervon ist, daß unser unteres Selbst aufhört, Kraft an das zu geben, womit wir uns gerade beschäftigen wollen. Das macht es uns vollkommen unmöglich, Kontakt mit dem Höheren Selbst zu halten. Eine alte buddhistische Redensart lautet: »Es ist noch niemals jemand erleuchtet worden, weil er es wollte.«

Daß unsere Persönlichkeit so beschaffen ist, hat eine Reihe praktischer Folgen:

1. Menschen, die ihr unteres Selbst zurückweisen, weil sie gelernt haben, nach dem »Höheren« zu streben, schaffen eine Situation, in der das untere Selbst nicht mehr an dem, was das mittlere Selbst will, mitarbeitet, weil es sich zurückgewiesen fühlt. Daraus folgt, daß wir keinen Kontakt mehr zu unserem Höheren Selbst bekommen können, so daß unser Bemühen sich gegen uns richtet. Auf diese Weise an unserer Vervollkommnung oder »Erleuchtung« zu arbeiten, kann unserer Entwicklung im Weg stehen.
2. Unser Höheres Selbst ist unser »schöpferischer« Teil. Es nimmt jedoch nur Botschaften von unserem unteren Selbst an. Wenn wir unserem unteren Selbst die Ansicht vermitteln, daß die Welt erbärmlich ist, wird das die Botschaft sein, die das Höhere Selbst verwirklichen wird.
3. Wenn wir unser unteres Selbst zurückweisen, verlieren wir auch den Kontakt zu unserem Körper und der Erde; wir sind dann nicht hinreichend »geerdet«.
4. Persönliche Reifung und Wachstum sind deshalb nur möglich, wenn wir zunächst unsere Aufmerksamkeit und Wertschätzung auf unser unteres Selbst richten, Reiki zur Verarbeitung der schmerzhaften Erinnerungen einsetzen, die dort noch gespeichert sind, und die Gefühle akzeptieren, die sich in diesem Teil unserer Persönlichkeit befinden.

Energetische Typen

Wir Menschen haben eine unterschiedliche Beziehung zu dem Energiestrom, der sich um uns herum befindet. Wieviel Lebensenergie wir in uns zulassen können, hängt sehr davon ab, wie stark unser Selbst entwickelt ist, und deshalb auch davon, wie wir im Leben stehen, von der Beziehung zu den anderen Teilen in uns und zu den Menschen in unserer Umgebung. Die drei Typen, die wir nachfolgend skizzieren, sind Extreme, die meisten Menschen sind eher Mischformen.

Ein überentwickeltes Selbst

Wenn wir ein überentwickeltes Selbst haben, fehlt uns die Fähigkeit, die Lebensenergie um uns herum aufzunehmen. Unser Selbst bildet dann gewissermaßen einen fast undurchdringbaren Panzer, eine Mauer zwischen uns und der Nahrung, die um uns herum bereitsteht. Unsere Umgebung kann uns daran erkennen, daß wir verschlossen sind, unsere Gefühle nicht zeigen. Wir haben dann oft auch keinen Kontakt zu unseren Gefühlen, wir spüren sie einfach nicht. Wir tragen sozusagen eine Maske, zeigen draußen nicht, was drinnen los ist. Unsere Augen sind kein Spiegel unserer Seele, sie sind hart und undurchdringlich. Wir sind nicht »durchsichtig«, wir können uns nicht zeigen, wie wir sind, wir können nicht bedingungslos empfangen und weiterleiten. Weil wir nur schwer geben und empfangen können, entsteht die Tendenz, dann eben zu »nehmen« oder »aufzudrängen«. Oft ist unser Körper ein regelrechter Panzer, macht einen steifen Eindruck. Wir haben zumeist eine gut entwickelte, aber angespannte Muskulatur. Wir betrachten andere (jeden anderen) als mögliche Bedrohung, weshalb wir stark sein müssen, um uns notfalls verteidigen zu können. Oft haben wir Angst zu versagen, müssen wir etwas leisten, uns selbst unter Beweis stellen. Diese Barriere zwischen dem Kern unserer Persönlichkeit und der Welt um uns herum ist oft aus Angst entstanden, vielleicht weil wir früher einmal gelernt haben, daß wir keine Angst haben dürfen, sondern hart sein müssen. Wenn wir die Reiki-Einweihungen erfahren – und das ist ein enormer Schritt für diejenigen, die zu diesem Typus gehören; es erfordert immerhin von uns, daß wir uns kurzfristig auf etwas Unbekanntes einlassen, etwas, worüber wir keine Kontrolle haben – wird unser Selbst durchsichtiger. Es entsteht wieder ein Kontakt zur Welt und zu unseren Gefühlen. Die Lebensenergie kann wieder fließen. Weil Gefühle jedoch als schmerzhaft oder bedrohlich erlebt werden können, besteht die Versuchung, ihnen wieder auszuweichen, indem wir ein altes, vertrautes Handlungsmuster anwenden, nämlich uns selbst unter Beweis zu stellen. In dem Fall ziehen wir los, um z.B. eben schnell eine wundersame Heilung zu bewerkstelligen, womit wir uns beweisen, daß es doch nicht klappt. Daraufhin können wir uns wieder hinter die »sichere« Barriere des Ego zurückziehen. Und leider klappt das immer. Es klappt, weil wir, wenn wir damit beschäftigt sind, uns selbst zu beweisen, nicht mit Reiki beschäftigt sind. Sich selbst zu beweisen ist die Energie des Ego, das dadurch nur noch kräftiger und stabiler wird. Indem wir unser Ego mit einbeziehen, blockieren wir den Fluß der universellen Lebensenergie. Wenn wir zu diesem Typus gehören, ist es eine Herausforderung, ganz normal mit Reiki zu arbeiten und darauf zu vertrauen, daß wir auch dann sicher sind, wenn unsere Barrieren dadurch abgerissen werden.

Ein unterentwickeltes Selbst

Wenn wir unter einem zu gering entwickelten Selbst leiden, spüren wir keine Grenzen und haben dadurch keinen »eigenen Raum«. Wir lassen uns zu stark durch Impulse von außen beeinflussen, sind für Stimmungen, Einflüsse anderer, Gesten und Schmerzen usw. zu offen. Wir sind überempfindlich. Weil wir keinen konkreten eigenen Raum haben, in dem wir die uns verfügbare Lebensenergie aufbewahren, sind wir oft kraftlos. Die Energie, über die wir verfügen, vergeuden wir, indem wir unsere Kraft immer weggeben. Wir können nicht »nein« sagen. Wir können nicht an unseren Ärger kommen. Wir tendieren dazu, uns dem »Spirituellen«, dem »Höheren« zu übergeben, um so unserer eigenen Realität zu entkommen. Wir haben wenig Achtung vor dem Kontakt mit unserem Körper; zu schlaffe Muskeln. In unseren Augen ist Leere. Die Lebensenergie, die wir empfangen, wird nicht benutzt, sondern geht quer durch uns hindurch, weil wir keine Grenzen haben. Dieser Mangel an Grenzen entsteht dann, wenn wir nicht gelernt haben, daß wir sein dürfen. Wenn wir zu diesem Typus gehören und die Reiki-Einweihungen empfangen, werden wir besser geerdet, und es entwickelt sich allmählich ein gesundes Selbst mit der dazugehörigen Selbstachtung. Wir lernen immer besser, unsere Grenzen zu ziehen und auch einmal »nein« zu sagen. Eine Gefahr für diesen Typus besteht darin, sich bei der Reiki-Behandlung anderer immer selbst zu übergehen und sich in das Gefühl, den Kummer und den Schmerz des anderen hineinzubegeben. Dem kann man glücklicherweise schnell durch gutes Erden abhelfen. Ein anderer Stolperstein heißt Schuldgefühl. Weil wir zunehmend mehr auf uns achten, kann es sein, daß wir uns schuldig fühlen, weil wir nun nicht mehr Tag und Nacht für den anderen da sind. Wir halten uns für egoistisch. Das kann uns verleiten, schnell wieder alles zurückzunehmen und uns wieder in Grenzenlosigkeit aufzulösen.

Beide beschriebenen Typen werden sich durch die Anwendung von Reiki zu folgendem Typus entwickeln.

Ein gut entwickeltes Selbst

Bei einem gesunden Selbst ist die Trennung zwischen uns und der Welt unterbrochen; wir können sowohl nach außen reichen, als auch Dinge von außen zulassen. Im Gegensatz zu einem Menschen mit einem unterentwickelten Selbst bestimmen wir, was (und wie) wir zulassen, und was (und wie) nicht. Indem wir »Fenster und Türen« in der Mauer unseres Ego anbringen, können wir dadurch Sonnen- und Erdenergie hereinlassen und auch, wenn wir es möchten, einem anderen schicken. Wir sind offen; wir zeigen, wer wir sind und was wir fühlen, wir müssen uns nicht verstellen. Wir können geben und empfangen. Wir entscheiden es selbst.

Wir entscheiden, für wen wir offen sein wollen und für wen nicht. Wir entscheiden, wem wir Reiki geben wollen und wem nicht. Wir entscheiden.

Von Himmel und Erde

Irdisches Leben entwickelt sich dank Sonnen- und Erdenergie, die sich gegenseitig ergänzen. Aus der Verbindung dieser zwei entgegengesetzten Energien – die nordamerikanischen Indianer sprechen von Mutter Erde und Vater Himmel, in China spricht man von Yin, dem Weiblichen, und Yang, dem Männlichen – entsteht das Leben. Auch der Mensch braucht die Schöpferkraft, die aus der Verbindung von Erd- und Sonnenenergie hervorgeht. Deshalb müssen wir für das Irdische und das Himmlische aufnahmebereit sein.

Wie bei einem Baum die Erdenergie über die Wurzeln aufgenommen wird und bis hoch in den Wipfel fließt, so fließt die Erdenergie beim Menschen durch die Füße, die Beine und das unterste Chakra nach oben und verschmilzt in der Gegend des Herzchakras mit der Energie von Vater Himmel. Auch der Mensch stellt eine Verbindung zwischen Himmel und Erde dar. Wie bei einem Baum eher Krankheit und Siechtum entstehen, weil an der Wurzel etwas nicht in Ordnung ist, als weil es an der Baumkrone Probleme gibt, so entstehen Probleme mit Gesundheit und Wachstum beim Menschen oft aus einer schlechten Erdung. Das Streben nach dem »Höheren«, das Zurückweisen des »Niederen«, ist oft Ursache schlechter Erdung. Geerdetsein hängt sehr damit zusammen, wie man in der Welt steht und ob man sich entscheidet, vollständig im Hier und Jetzt zu leben. Im Hier und Jetzt leben hängt wiederum sehr damit zusammen, wie man seinen Körper beurteilt. Betrachten Sie Ihren Körper als Belastung? Möchten Sie Gefühle nicht spüren, weil es Sie belastet? Fühlen Sie sich unwohl bei der Empfindung körperlicher Lust oder Unlust. Leiden Sie unter Schuldgefühlen wegen Ihrer Sexualität? (Eine ehemalige Nonne erzählte mir einmal, daß im Kloster von ihnen erwartet wurde, ihren Körper beim Aufkommen sexueller Empfindungen sofort mit Peitschenschlägen dafür zu bestrafen.) Haben Sie das Bedürfnis, sich durch Askese oder Meditation aus der Welt zurückzuziehen? Ist Ihr Körper Ihr Feind? In dem Fall sind Sie mit großer Sicherheit nicht geerdet.

Sind Sie dagegen vollständig darauf ausgerichtet, in dieser Welt zu stehen, Karriere zu machen, gesellschaftliche Ereignisse zu erleben, Ihren Körper zu verhätscheln, sich unmäßig sexuell zu betätigen, hat Ihr Körper das Sagen; dann wird Ihr Anschluß an Vater Himmel wahrscheinlich zu wünschen übriglassen.

Stehen Sie mit beiden Füßen in dieser Welt, sind Sie offen und präsent, sind Sie bereit, das Leben in seiner Vielseitigkeit zu erfahren, ist Ihr Körper ein Freund, den Sie liebevoll versorgen, ohne den Neigungen dieses Freundes in allen Fällen nachzugeben; sind Sie bereit, den Weisheiten Ihres Körpers zuzuhören, wenn er Ihnen mit Anspannung oder Schmerzen sagt, daß Sie ihn falsch behandeln? Schließlich ist die Weisheit Ihres Körpers in der Lage, genau das Richtige zu tun, um eine kleine Schnittwunde an Ihrem Finger zu heilen. Diese Weisheit ist etwas größer als die Intelligenz, mit der wir z. B. eine Mondrakete entwerfen können. Sind Sie bereit, Gefühle zuzulassen und als etwas zu akzeptieren, das zum Leben gehört? In dem Fall wird Sie der Anschluß an die Energieströme von Mutter Erde und Vater Himmel wenig Energie kosten.

Um gut geerdet zu sein, ist es notwendig, in seinem Körper »zu Hause« zu sein, ein gutes Körperbewußtsein zu haben. Die folgende Übung hilft Ihnen dabei. Machen Sie diese Übung vor dem Schlafengehen, denn Sie ist gleichzeitig eine ausgezeichnete Entspannungsübung.

Legen Sie sich auf den Rücken, und richten Sie Ihre Aufmerksamkeit auf Ihre Füße und Fußgelenke. Spüren Sie Ihre Füße. Spüren Sie das Gewicht, mit dem Ihre Fersen auf der Matratze liegen. Erweitern Sie Ihre Aufmerksamkeit, und spüren Sie jetzt auch Ihre Unterschenkel; spüren Sie das Gewicht, mit dem Sie auf die Matratze drücken. Dehnen Sie so Ihr Körperbewußtsein immer weiter aus: auf Ihre Oberschenkel, dann Ihr Becken und Ihren Po, Ihren Rücken, Ihre Schultern, Ihren Kopf, Ihre Oberarme, Ihre Unterarme und Hände. Spüren Sie jetzt Ihren ganzen Körper. Spüren Sie, wie sein Gewicht von der Matratze, auf der Sie liegen, getragen wird. Beobachten Sie Ihre Atmung, ohne etwas daran zu verändern, spüren Sie, wie es von selbst geschieht, daß Sie nichts dazu tun müssen, daß Sie gewissermaßen geatmet werden, spüren Sie Ihren Herzschlag in Ihrem Herzen, Ihrem Hals, in den Fußgelenken, den Fingerspitzen; bleiben Sie eine Zeitlang so liegen, Ihres Körpers vollständig bewußt, wie er in seiner Ganzheit ist und wie er funktioniert.

Je mehr Sie von Ihrem Körper fühlen, desto größer ist Ihr Körperbewußtsein, desto mehr sind Sie in ihm »anwesend«, desto besser sind Sie geerdet. Besonders die Fähigkeit, überall in Ihrem Körper den Herzschlag zu spüren, ist ein guter Indikator. Diese Fähigkeit steigert sich, je öfter Sie diese Übung machen.
Eine Übung, um zu testen, ob Sie geerdet sind:

Gehen Sie in die Hocke, die Füße parallel nebeneinander flach auf dem Boden, etwa 20 Zentimeter auseinander. Ein großer Teil der Weltbevölkerung, besonders in Asien und Afrika, wo man im allgemeinen etwas weniger im Kopf lebt und geerdeter ist, sitzt immer auf diese Weise. Wenn die Übung schwierig für Sie ist, weil Ihre Sehnen erst noch etwas gedehnt werden müssen, können Sie in der ersten Zeit ein aufgerolltes Handtuch unter Ihre Fersen legen. Wenn Sie diese Übung täglich einige Minuten durchführen, werden Sie nach einiger Zeit gut so sitzen können.

Der Baum
Stellen Sie sich hin, die Füße schulterbreit auseinander, die Knie leicht gebeugt, die Arme hängen locker herab. Richten Sie die ganze Aufmerksamkeit auf Ihre Füße; spüren Sie, wie schwer sie auf dem Boden ruhen, sie tragen Ihr ganzes Körpergewicht. Stellen Sie sich vor, kleine Wurzeln würden aus Ihren Füßen in die Erde wachsen, aus denen Sie mit jedem tiefen Atemzug Erdenergie nach oben saugen, ganz nach oben, bis kurz oberhalb Ihres Kopfes, und daß mit jedem Ausatmen Sonnenenergie von der Stelle oberhalb Ihres Kopfes nach unten fließt, durch Kopf, Rumpf, Beine, Füße in die Erde hinein. Bleiben Sie

eine Zeitlang so stehen, und spüren Sie den Energiestrom zwischen Himmel und Erde hin- und herfließen, mit Ihnen als Kanal.

Diese letzte Übung können Sie jeden Tag ein paar Minuten machen, jedoch nicht mehr als 20 Minuten pro Tag.

Unterwerfung oder Hingabe

Seit Jahrhunderten suchen viele danach, sich etwas Größerem als sich hinzugeben. Hingabe an Gott, an ein (politisches) Ideal, eine Nation. Einige haben sogar Ihr Leben dafür gegeben. Dieses Streben scheint jedoch überhaupt nicht in Übereinstimmung mit der Entwicklung der eigenen Persönlichkeit, mit Selbständigkeit und persönlicher Freiheit zu sein. Und meistens ist das auch so. Die meisten Menschen haben in sich das unerklärliche Bedürfnis, sich an etwas hinzugeben, das sie selbst übersteigt. Das erklärt auch den Erfolg von Demagogen, denen es in kurzer Zeit gelingen kann, Menschenmassen dazu zu bewegen, sich in einen Krieg zu stürzen, den Enthusiasmus, mit dem sich viele in die Arme einer neuen Gruppe werfen oder einer neuen Form von Fundamentalismus anhängen. Bei den genannten Beispielen haben die Anhänger nur wenig gemeinsam, nämlich die Überzeugung, daß sie minderwertig sind und daß das Ideal, dem sie anhängen, größer, wichtiger ist als sie. Kritisches Bewußtsein fehlt vollständig. Sie haben einen Meister gefunden, bevor sie sich selbst gefunden haben. In diesen Fällen kann man nicht von Hingabe sprechen, sondern von Unterwerfung, davon, daß man seiner persönlichen Verantwortung für sein Verhalten und dem Auftrag, in diesem Leben glücklich zu sein, aus dem Wege geht.

Daß wir in unserem Bedürfnis, einer Sache gehorchen zu wollen, die größer ist als wir, zu schockierenden Handlungen verleitet werden können, wird durch eine Untersuchung illustriert, die in den Vereinigten Staaten durchgeführt worden ist. Dabei wurden Menschen auf der Straße angesprochen und gebeten, an einer wissenschaftlichen Untersuchung teilzunehmen.

Die Versuchspersonen saßen in einem Raum und hatten einen Regulierungsschalter vor sich. Ihnen wurde gesagt, daß sie einem Menschen im Nachbarraum einen Stromstoß versetzen, wenn sie den Schalter nach unten bewegen. Immer wieder wurden sie aufgefordert, mit dem Schalter eine höhere Stromstärke einzustellen, während aus dem Nachbarraum immer lautere Angst- und Schmerzensschreie zu hören waren. Wenn die Versuchsperson anfing zu zweifeln, ob sie weiter mitmachen sollte, sagte ihr der Versuchsleiter, daß es im Sinne der Wissenschaft sei, also einem »höheren Ziel« diene. Die Mehrzahl der Versuchspersonen machte dann weiter. Brave, unschuldige Bürger sind also imstande, sich gegenseitig zu schaden, wenn ihnen eingeflüstert wird, daß es einem »höheren Zweck« diene. Daß selbständig denkende Menschen Schwierigkeiten mit dem Begriff Hingabe haben, ist verständlich. Wir verwechseln es wie in den obengenannten Beispielen nur allzuschnell mit Unterwerfung. Auch wenn die Grenze zwischen beidem dünn ist und jemand, der das eine sucht, riskiert, an das andere zu geraten, ist Hingabe etwas vollständig anderes als Unterwerfung, es ist ihr in Wirklichkeit diametral entgegengesetzt. Menschen, die sich unterwerfen wollen, sind auf der Suche nach einem Führer, Menschen, die sich hingeben wollen, sind auf der Suche nach sich selbst. Hingabe ist ein Bewußtseinszustand, Unterwerfung ist das Fehlen von Bewußtsein. Unterwerfung ist Festklammern, Hingabe ist Loslassen. Unterwerfung geschieht aus Angst: Angst vor Freiheit, Angst vor Verantwortung, Angst vor dem Leben; Hingabe geschieht aus Vertrauen.

Empfangen oder ertrotzen

Es ist ein wichtiger Schritt nach vorn, wenn wir während des Kurses für den ersten Grad erkennen, wie wir uns in unserem täglichen Leben manchmal vom freien Fluß der Liebe, der Kraft und des Geldes abtrennen und wie wir dann diese Einschränkungen aufheben können, so daß wir wieder in den Strom des Überflusses gelangen, ohne uns dabei durch alte hinderliche Verhaltens- oder Denkmuster behindern zu lassen. Was wir dabei jedoch nicht aus den Augen verlieren dürfen, ist, daß Energie an einen Austausch gebunden ist. Das belegt auch eine alte islamische Redensart. Allah sagt: »Nimm, was du willst, aber bezahle den Preis.«

Immer aufnahmebereiter zu werden für das, was das Universum uns im Überfluß bietet, gehört zur Ganzwerdung; aus Habsucht immer mehr zu wollen, zum Beispiel zusammen mit Millionen anderen den Hauptpreis in der Lotterie zu gewinnen, oder der Erfüllung dieses Wunsches fortwährend Reiki zu schicken, heißt nicht, aufnahmebereit zu sein für das, was gut für einen ist. Es ist der Versuch, etwas zu ertrotzen, und das kehrt sich gegen Sie. Derartiges Verhalten kommt zum einen aus einem tief erfahrenen Gefühl von Mangel: »Ich habe nicht genug«, ein Armutsbewußtsein, das wir dadurch noch verstärken, daß wir es uns immer wieder vorsagen. Andererseits müssen wir uns fragen, wieviel Raum wir im Moment in unserem Leben für den Empfang dessen geschaffen haben, wonach wir verlangen. Mit Raum meine ich, ob in unserem Wunsch aufgenommen ist, was wir damit machen wollen, wohin wir es fließen lassen wollen. Wenn das nicht der Fall ist, wenn unser

Wunsch nur auf einem unbegründeten Hungergefühl beruht, gibt es keinen Raum zum Empfangen, und deshalb empfangen wir nichts. Respekt und Dankbarkeit sind außerdem ganz wesentlich. Respektieren wir in diesem Moment den gerade stattfindenden Energieaustausch? Sind wir dafür dankbar? Respektieren wir uns für das, was wir dafür tun? Sind wir bereit, mit dem, was wir empfangen, respektvoll umzugehen? Ein herrliches Beispiel von einer Frau, die nicht empfangen konnte, weil sie nur forderte, finden wir in dem Märchen von Piggelmee, das an das Märchen vom Fischer und seiner Frau erinnert.

> Herr und Frau Piggelmee sind sehr arm. Sie können sich nicht einmal ein Haus leisten und wohnen in einem großen Tontopf am Strand. Eines Tages fängt Herr Piggelmee einen Fisch, der ihn anfleht, ihn wieder freizulassen, und verspricht, ihm als Dank dafür einen Wunsch zu erfüllen. Herr Piggelmee braucht nicht lange nachzudenken. Sofort läßt er den Fisch frei und bittet ihn um ein richtiges Haus anstelle seines Tontopfes. Voller Hoffnung läuft er nach Hause, um zu sehen, ob sein Wunsch in Erfüllung gegangen ist, und siehe da, seine Frau steht in der Tür eines wunderschönen Häuschens. Glücklich erzählt er ihr, wie es zu diesem Wunder kam. Seine Frau ist jedoch weniger glücklich. Wütend fragt sie ihn, weshalb er so dumm war, sich keinen Palast zu wünschen, anstelle dieses einfachen Hauses. Der Fischer geht zum Meer zurück, ruft den Fisch und bittet ihn, seinen Wunsch abändern zu dürfen – was geschieht. Jedesmal wenn er wieder zurückkommt, ist seine Frau noch unzufrieden. Es fehlen Möbel, das Personal reicht nicht usw. Zum Schluß hat der Zauberfisch das Gemecker satt und verwandelt alles, was ihnen gegeben worden war, wieder in einen Tontopf, worin sie noch lange und unzufrieden lebten.

Aber was dann?

Sie können sich natürlich, wenn Sie sich in einer Situation befinden, in der Sie einen Mangel an Liebe, Kraft und Geld empfinden, mit ihrem Schicksal abfinden und versuchen, damit zufrieden zu sein, aber das ist keine Lösung, die wir empfehlen würden.

Sie können, wie Frau Piggelmee, irgendwo nach außen den Wunsch äußern, mehr zu bekommen. Sei das nun beim Partner, beim Universum oder woanders, das funktioniert nicht.

Ob Sie nun einen Mangel an Liebe, Freundschaft, Kraft, Fähigkeiten, Geld, Sicherheit usw. spüren, es ist immer gut, herauszufinden, woher dieses Gefühl »zu kurz zu kommen« kommt. Wenn Sie dem Gefühl »zu kurz zu kommen« Reiki schicken, werden Sie Klarheit darüber bekommen, was Sie daran hindert, das, was Sie gerne möchten, zu empfangen. Es ist auch möglich, daß Sie eigentlich keinen wirklichen Bedarf an dem haben, woran Sie meinen, zu kurz gekommen zu sein. Vielleicht meinen Sie aber, daß die Außenwelt Sie erst dann wirklich wahrnimmt. Bei dem Wunsch, etwas zu empfangen, ist es immer gut, sich zu fragen, was man damit machen möchte. Wie stehen Sie im Energiefluß, lassen Sie die Energie an andere weiterfließen? Ein Beispiel:

Wir haben eine Reihe von Frauen behandelt, die ein Kind haben wollten, aber nicht schwanger wurden. Bei einigen kam es nach wenigen Behandlungen zur gewünschten Schwangerschaft. In anderen Fällen entdeckten die Behandelten jedoch hinter ihrem Bedürfnis nach einem Kind ein weiteres, verstecktes Bedürfnis. Das Bedürfnis, jemanden zu haben, den sie wirklich lieben können, als Ausgleich für das Unvermögen, sich selbst zu lieben. Ein Bedürfnis nach Aufmerksamkeit: »Wenn ich schwanger bin, werden die Menschen mir Aufmerksamkeit schenken«; ein Bedürfnis nach Liebe: »Das Kind soll mich lieben«; ein Bedürfnis, etwas wert zu sein: »Als Mutter bist du wenigstens etwas«. Aufgrund dieser Erkenntnisse konnten sie ihr Verlangen nach einem Kind loslassen und an den zugrundeliegenden Bedürfnissen arbeiten.

Engel, Geister und Dämonen

Kürzlich haben zwei Psychiater und ein Nuklearmediziner des King's College in London eine Studie mit Schizophreniepatienten durchgeführt, die in der Zeitschrift *The Lancet* vom 18. September 1993 publiziert wurde. Die Untersuchung an zwölf Menschen mit »Stimmen im Kopf« ergab, daß in Momenten, in denen sie Stimmen hörten, das motorische Sprachzentrum im Gehirn aktiv war, der Teil des Gehirns also, den man einsetzt, wenn man selbst spricht, und nicht das sensorische Sprachzentrum, der Teil, in dem man Worte erkennt und bewußtmacht. Es ist also zu erwägen, ob man nicht vielleicht selbst spricht, wenn man Stimmen hört. Teile von einem selbst, die unterdrückt werden, könnten sich auf diese Weise wieder bemerkbar machen. Teile, die man unterdrückt hat, weil man sie für »schlecht« hielt, oder Ängste, die man versteckt hat, weil man sie nicht spüren wollte, können als bösartige Wesenheiten, als Dämonen zum Beispiel oder als böser Geist, der bei einem »spukt«, wieder auftauchen.

Es gibt Menschen, die ihre innere Stimme lange Zeit unterdrücken, ihrer eigenen inneren Weisheit kein Gehör schenken wollen und die auf einmal zu entdecken meinen, daß sie einen hilfreichen weisen Geist um sich haben, der ihnen mit gutem Rat zur Seite steht.

Obwohl es sich in vielen dieser Fälle wahrscheinlich um Manifestationen des eigenen Unterbewußtseins handelt, tauchen manchmal auch Wesen von außen auf.

Es handelt sich dann zum Beispiel um eine verirrte Seele, eine Wesenheit, die ihren Weg verloren hat. Sie gehört nicht mehr zur Ebene der Lebenden, hat aber den Weg zur folgenden Ebene noch nicht gefunden und kann sich der Aufmerksamkeit und der Lebensenergie eines Menschen nur dadurch versichern, daß sie sich als Führer, Helfer oder guter Geist hervortut. Daß aus der Verbindung mit einer derartigen Wesenheit wenig Positives resultiert, liegt auf der Hand. Nicht nur ist die Weisheit einer Wesenheit, die den Weg verloren hat, nicht so viel größer als die eines durchschnittlichen Menschen, die Wesenheit braucht unsere Lebensenergie, um sich auf dieser Ebene zum Ausdruck zu bringen; er/sie wird also bei demjenigen weiter schmarotzen, der dafür offen ist, was im allgemeinen zu einer großen Ermüdung der betreffenden Person führt.

Daneben gibt es auch wirklich weise und heilende Wesenheiten, die aus einer anderen Seinsebene zur Erde kommen, um hier und jetzt Menschen zu helfen. Für denjenigen, der Stimmen hört oder Bilder sieht, ist es jedoch ausgesprochen schwierig, herauszufinden, ob es sich nun um eine Wesenheit von außen handelt oder um einen Teil von ihm selbst. Der folgende Test, beschrieben in dem Buch *Anleitung zum Unglücklichsein* von Paul Watzlawick, kann darüber Aufschluß geben.

Wenn ein Geist Kontakt zu Ihnen aufnimmt, dann sollten Sie mit geschlossenen Augen eine Handvoll Bohnen aus einer Packung nehmen. Sie wissen also selbst nicht, wie viele es sind. Fragen Sie Ihre »Stimme«, wie viele Bohnen Sie in der Hand haben. Erhalten Sie keine oder eine falsche Antwort, können Sie sicher sein, daß keine allwissende Wesenheit von außen spricht, sondern daß sich Ihnen Ihr Unterbewußtsein auf diese Weise offenbart.

Auch wenn es sich um eine Wesenheit von außen handelt, ist es ratsam, sachlich zu bleiben, sich ständig zu fragen, ob das, was Sie Ihnen rät, wirklich gut für Sie ist. Geben Sie nicht die Verantwortung für Ihr Leben aus der Hand. Selbstverständlich gilt das sowohl für Menschen, die ihr Unterbewußtsein als Stimme im Kopf hören, als auch für Menschen, die Empfehlungen durch einen »Geist« erhalten.

In den letzten Jahren finden sich immer mehr Menschen, die meinen, in einer Vision durch den Geist von Dr. Usui, durch einen Engel oder Gott zum Reiki-Meister geweiht worden zu sein oder ganz besondere Symbole empfangen zu haben. Auf dieser Basis bieten diese Menschen dann Kurse an, die sie auch Reiki-Kurse nennen. Die Tatsache, daß diese Ereignisse erst jetzt auftreten, wo Reiki wachsende Popularität genießt, gibt jedoch Anlaß, hinter die Authentizität dieser Erfahrungen ein Fragezeichen zu setzen.

Für Menschen, die mit »Stimmen in ihrem Kopf« konfrontiert werden und über den zweiten Reiki-Grad verfügen, ist es glücklicherweise nicht notwendig, genau zu wissen, was eigentlich los ist. Sie können der Erscheinung in jedem Fall Reiki schicken.

Wenn es sich um eine Erscheinung aus Ihrem Unterbewußtsein handelt, wird sich dieser Teil Ihrer Persönlichkeit in das Ganze integrieren, so daß er sich nicht mehr als autonomes, außerhalb von Ihnen stehendes Wesen zu äußern braucht. Teile von Ihnen vereinigen sich wieder, werden zu einem Ganzen. Wenn es um eine verirrte Seele geht, die sich bei Ihnen aufhält, weil sie nicht in der Lage ist (oder sich nicht traut), den Schritt zur folgenden Seinsebene selbständig zu tun, wird Reiki ihr helfen, den Weg zu finden, den Schritt zu tun, sich von dem zu befreien, was sie noch an die Erde bindet.

Wenn es sich um ein Wesen handelt, das aus purer Boshaftigkeit nur darauf aus ist, Ihnen Schaden zuzufügen, wird die Boshaftigkeit durch das Schicken von Reiki nachlassen, und es wird sich ein verletzliches Wesen offenbaren, das kleiner wird und schließlich verschwindet.

Gute und weise Geister oder Engel haben nicht die geringsten Probleme damit, daß man ihnen Reiki schickt. Tun Sie das ruhig. Sie brauchen keine Angst zu haben, daß Sie auf diese Weise ein gutes und hilfreiches Wesen von sich weisen. Solche Wesen brauchen die Energie allerdings nicht, weil sie selbst direkt aus der Quelle der universellen Energie schöpfen können.

Auch in diesem Fall setzen Sie Reiki nicht gegen etwas ein; es ist keine Waffe, mit der Sie eine fremde Wesenheit bekämpfen oder einen hinderlichen Teil Ihres Unterbewußtseins ausschalten. Es ist bedingungslose Liebe, durch die Bindungen losgelassen werden und Freiheit entsteht.

Test

In den letzten Jahren treten regelmäßig Menschen an uns heran, die sich fragen, ob der zweite Grad bei ihnen auch funktioniert. Weil der Titel Reiki-Meister nicht gesetzlich geschützt ist, kommt es leider schon einmal vor, daß sich Menschen von jemandem einweihen lassen, der selbst nicht als Meister eingeweiht ist, mit allen Enttäuschungen die daraus resultieren.

Weil die Energie des zweiten Grades so kräftig und wirksam ist, kann man mit dem Test auf S. 118 f im Zweifelsfall sehr einfach überpüfen, ob Sie über die Energie verfügen.

Fällt der Test schwach aus, kann es sein, daß Sie nicht die richtigen Symbole eingesetzt haben. Es kann sein, daß Sie sie nicht in der richtigen Art und Weise oder Reihenfolge angewendet haben oder daß Sie wirklich nicht richtig eingeweiht sind. Das ist dann jedenfalls ein Anlaß, mit der Person Kontakt aufzunehmen, von der Sie eingeweiht wurden.

Manchmal werden Menschen, die merken, daß sie den zweiten Grad nicht beherrschen, sehr böse auf denjenigen, bei dem sie den zweiten Grad gemacht haben, weil sie sich betrogen fühlen. Nicht immer zu Recht. Genauso wie es Menschen gibt, die in der Illusion leben, daß sie den zweiten Grad haben, so gibt es auch Menschen, die in der Illusion leben, sie seien Meister. Sie sind sich wirklich keiner Schuld bewußt. Wir verstecken uns oft hinter Wut und Entrüstung, um nicht auf unseren eigenen Anteil an der Situation schauen zu müssen. War ich zu hastig? Wollte ich ein »Schnäppchen« machen, weil ich mich nicht den vollen Energieaustausch von 1200 Mark für wert erachtete? In dem Fall haben wir vielleicht jetzt gelernt, daß der zweite Grad sein Geld mehr als wert ist.

Zum Schluß

Der Kern jedes Reiki-Kurses besteht aus den Einweihungen. In diesem Buch wurde beschrieben, was die Meister, die im Reiki-Zentrum arbeiten und diejenigen, die ihre Ausbildung zum Meister hier absolviert haben, im Kurs für den zweiten Grad zusätzlich anbieten. Wir haben uns für eine individuelle Vorgehensweise entschieden, vertiefen mit dem Reiki-Kursteilnehmer den eigenen persönlichen Prozeß, um so während des Kurses zu vermitteln, wie der Kursteilnehmer den zweiten Grad für sein Wachstum einsetzen kann. Wir laden unsere Kursteilnehmer nach einiger Zeit dann noch einmal zusammen ein, um Erfahrungen auszutauschen. Dies ist derzeit unsere Methode. Andere können das völlig anders handhaben, ohne das Wesentliche von

Reiki dabei zu beeinträchtigen. Auch die geäußerten Überzeugungen und Einsichten sind persönlich und gelten jetzt. Wenn sie Ihnen in Ihrem Wachstum helfen, wenden Sie sie an. Wenn Sie das Gefühl haben, daß sie Ihnen im Weg sind, lassen Sie sie beiseite. Theorien, Überzeugungen und Erfahrungen anderer tun bei Reiki nichts zur Sache. Denken Sie nur daran, daß Sie die Fähigkeit zur Selbstheilung buchstäblich in Ihren Händen halten, und machen Sie sich auf Ihre Weise daran; das ist ausreichend.

Literatur

Barker, Elsa: *Letters from a living dead man.* 1914. London (William Rider)
Bek, Lilla, und Pullar, Phillipa: *Chakra-Energie.* 1991. München (Heyne)
Chopich, E. J., und Paul, Margaret: *Aussöhnung mit dem inneren Kind.* 14. Auflage 1995. Freiburg (Bauer)
Dethlefsen, Thorwald, und Dahlke, Rüdiger: *Krankheit als Weg. Deutung und Bedeutung der Krankheitsbilder.* 1993. München (Goldmann)
Diamond, John: *Lebensenergie in der Musik.* 9. Auflage 1994. Freiburg (Verlag für Angewandte Kinesiologie)
Harris, Amy B., und Thomas A.: *Einmal o.k. – immer o.k. Transaktionsanalyse für den Alltag.* 1990. Reinbek (Rowohlt)
Norwood, Robin: *Wenn Frauen zu sehr lieben. Die heimliche Sucht, gebraucht zu werden.* 1986. Reinbek (Rowohlt)
Phaig, Bethal: *Gestalt and the Wisdom of the Kahunas.* 1983. Marina del Rey, USA (De Vorss)
Ray, Sondra: *Was Liebe vermag – eine bessere Partnerschaft führen.* 1994. München (Peter Erd)
Regan, Georgina, und Shapiro, Debbie: *Heilende Hände.* 1991. Münsingen (Fischer Druck)
Roud, Paul C.: *Diagnose: Unheilbar, Therapie: Weiterleben.* 1992. Stuttgart (Kreuz)
Watzlawick, Paul: *Anleitung zum Unglücklichsein.* 1983. München (Piper)
Williamson, Marianne: *Rückkehr zur Liebe.* Der Nummer 1 Bestseller aus den USA. 1993. München (Goldmann)

Die neue Reihe »... kurz & praktisch«

im Verlag Hermann Bauer

Helmut Hofmann
Edelsteintherapie – kurz & praktisch
208 S. mit 7 Zeichn., gebunden; ISBN 3-7626-1104-1

Genaue Kenntnis der Steine und die Fähigkeit, ihre subtilen Energien heilbringend einzusetzen – Edelsteintherapie erfordert beides. Helmut Hofmann wird jedem Aspekt dieses umfangreichen Gebiets gleich gut gerecht. Klar, fundiert und leicht nachvollziehbar breitet er seine reichhaltige Erfahrung vor uns aus.

Rainer Kakuska
Meditation – kurz & praktisch
204 S. mit 15 Zeichnungen, gebunden;
ISBN 3-7626-1103-3

Was ist Meditation? Was bewirkt sie? Finden Sie es heraus! Selten hat es Ihnen ein Buch so leicht gemacht, das volle Spektrum dieser spirituellen Disziplin selbst zu erfahren. Der Publizist und Psychologe Rainer Kakuska verspricht Ihnen nicht das höhere Bewußtsein oder gar die Erleuchtung – er zeigt Ihnen nur die ersten Schritte auf dem Weg dorthin.

Verlag Hermann Bauer · Freiburg im Breisgau

Die neue Reihe »... – kurz & praktisch«

im Verlag Hermann Bauer

Ingrid Kraaz von Rohr
Farbtherapie – kurz & praktisch
191 S. mit 3 Zeichn., gebunden; ISBN 3-7626-1102-5

Farben begleiten uns ein Leben lang, aber denken wir über die Wirkung nach, die sie auf uns haben? Die Heilpraktikerin Ingrid Kraaz von Rohr schafft hier Abhilfe: Sie informiert umfassend über Heilung mit Hilfe von Farben, über die Farbgestaltung von Wohn- und Arbeitsräumen, die Wahl der Farben unserer Kleidung, den Einsatz von Farben als Botschaft an unsere Mitmenschen und als Mittel der Selbsterkenntnis. Nach diesem Buch werden Sie die Welt nie wieder Grau in Grau sehen!

Hans-Dieter Leuenberger
Tarot – kurz & praktisch
205 S. mit 78 s/w-Abb.; gebunden; ISBN 3-7626-1100-9

Mit gewohnter Klarheit und Sorgfalt vermittelt Hans-Dieter Leuenberger, anerkannte Autorität auf dem Gebiet des Tarot, alles, was man für den Umgang mit dieser alten Divinationsmethode wissen muß: das Ziehen und das Auslegen der Karten; die Kunst der richtigen Fragestellung; die Interpretation. Ein wertvolles Werkzeug für alle, die ohne langes theoretisches Studium mit dem Tarot arbeiten wollen, ohne dabei oberflächlich vorzugehen.

Verlag Hermann Bauer · Freiburg im Breisgau

Die neue Reihe »... – kurz & praktisch«

im Verlag Hermann Bauer

Rainer Wilhelm
Feldenkrais – kurz & praktisch
203 S. mit 60 Zeichn., gebunden; ISBN 3-7626-1106-8

Bewußtheit durch Bewegung sind die elementaren Bestandteile der Feldenkrais-Arbeit. Experimentell und spielerisch werden uns alle Details und Variationsmöglichkeiten von Bewegungsabläufen bewußt gemacht. Dieses neu gewonnene Wissen über die Bandbreite unserer Möglichkeiten versetzt uns in die angenehme Lage, wählen zu können und uns für die optimale Variante zu entscheiden.

Reinhard Lehner
Pendeln – kurz & praktisch
176 S. mit 11 s/w-Abb. u. 16 Pendeltafeln;
gebunden; ISBN 3-7626-1107-6

Reinhard Lehner – ein anerkannter Pendelfachmann – legt besonderen Wert auf den Praxisbezug.
Einsteiger werden Schritt für Schritt in die Arbeit mit dem Pendel eingeführt.
Der Fortgeschrittene findet in diesem Buch zu spezifischen Fragen die nötigen Antworten. Zahlreiche Übungen ermöglichen gleich von Beginn an die Arbeit mit dem Pendel.

Verlag Hermann Bauer · Freiburg im Breisgau

Die neue Reihe »... – kurz & praktisch«

im Verlag Hermann Bauer

Dagmar Müller
Autosuggestion – kurz & praktisch
192 S. mit 2 Zeichn.; gebunden; ISBN 3-7626-1108-4

Durch Autosuggestion können Sie Ihr ganzes Leben verändern. Dieses Buch zeigt Ihnen, wie Sie die Macht Ihrer Gedanken und Vorstellungen gezielt einsetzen können zur Entspannung, zur Förderung Ihrer körperlichen Vitalität und zu Ihrer Selbstentfaltung in Alltagsdingen und bei den großen Lebenszielen.

Ulrich-Jürgen Heinz
Runenübungen – kurz & praktisch
192 S. mit zahlr. Abb.; gebunden; ISBN 3-7626-1109-2

Der Autor hat eine Reihe ganzheitlicher Runenübungen entwickelt, die dazu dienen, die Gesundheit zu erhalten oder sie wieder herzustellen. Sie wirken auf alle Komponenten des Körpers und führen schnell und merkbar zum Erfolg.

Dr. Wighard Strehlow
Hildegard-Medizin – kurz & praktisch
208 S.; gebunden; ISBN 3-7626-1110-6

Die wichtigsten Rezepte und Heilanweisungen aus dem Arzneimittelschatz der heiligen Hildegard sind in diesem Buch zusammengefaßt. Erstmals beschreiben Patienten ihre erstaunlichen Heilungserfolge mit der Hildegard-Medizin.

Verlag Hermann Bauer · Freiburg im Breisgau

edition Tramontane

im Verlag Hermann Bauer · Freiburg im Breisgau

Klaudia Hochhuth
Reiki
Natürliche Heilungsenergie der Hände

2. Aufl.; 197 Seiten, kart.
ISBN 3-925828-36-2

Reiki gewinnt heute unter den alternativen Heilmethoden immer mehr an Bedeutung. Diese sanfte, aber dennoch kraftvolle Methode lehrt den Umgang mit der »universellen Lebensenergie« und stellt eine Form des Heilens durch Handauflegen dar.

Der Reiki-Meisterin Klaudia Hochhuth ist es mit diesem Buch gelungen, die verschiedensten Aspekte von Reiki überdurchschnittlich zusammenzustellen. Der Einsteiger kann sich mit der Methode vertraut machen, der Eingeweihte kann sie noch einmal Schritt für Schritt nachvollziehen.

Ebenso geht die Autorin auf die Wirkung von Reiki in Kombination mit Nahrungsmitteln, Edelsteinen und Chakren ein. Zahlreiche Fallbeispiele sowie die eigene langjährige Erfahrung der Autorin mit Reiki zeugen von der Wirksamkeit dieser Methode.

Verlag Hermann Bauer · Freiburg im Breisgau

Die neuen Dimensionen des Bewußtseins

esotera
seit vier Jahrzehnten das führende Magazin für Esoterik und Grenzwissenschaften: Jeden Monat auf 100 Seiten aktuelle Reportagen, Hintergrundberichte und Interviews über
Neues Denken und Handeln
Der Wertewandel zu einem erfüllteren, sinnvollen Leben in einer neuen Zeit.
Esoterische Lebenshilfen
Uralte und hochmoderne Methoden, sich von innen heraus grundlegend positiv zu verändern.
Ganzheitliche Gesundheit
Das neue, höhere Verständnis von Krankheit und den Wegen zur Heilung – und vieles andere.

Außerdem: ständig viele aktuelle Kurzinformationen über **Tatsachen die das Weltbild wandeln.** Sachkundige Rezensionen in den Rubriken **Bücher, Klangraum, Film und Video** sowie **Alternative Angebote.** Im **Kursbuch** viele Seiten Kleinanzeigen über einschlägige **Veranstaltungen, Kurse und Seminare** in Deutschland, Österreich, der Schweiz und im ferneren Ausland.

esotera erscheint monatlich. Probeheft kostenlos bei Ihrem Buchhändler oder direkt vom Verlag Hermann Bauer KG, Postfach 167, 79001 Freiburg